BRENDA UELAND
SI QUIERES ESCRIBIR...

All rights reserved. No part of this publication may be reproduced, stored in a retrieval system, or transmitted in any form or by any means, electronic, mechanical, photocopying or otherwise, without the prior permission of the copyright owner.

For information regarding special discounts for bulk purchases, please contact BN Publishing at info@bnpublishing.net

© Copyright 2010 – BN Publishing
www.bnpublishing.net

ALL RIGHTS RESERVED
Printed in the U.S.A.

CONTENTS

Capítulo I _____ 7

Capítulo II _____ 15

Capítulo III _____ 21

Capítulo IV _____ 31

Capítulo V _____ 41

Capítulo VI _____ 49

Capítulo VII _____ 61

Capítulo VIII _____ 69

Capítulo IX _____ 79

Capítulo X _____ 87

Capítulo XI _____ 97

Capítulo XII _____ 107

Capítulo XIII _____ 113

Capítulo XIV _____ 121

Capítulo XV _____ 131

Capítulo XVI _____ 143

Capítulo XVII _____ 149

Capítulo XVIII _____ 155

Capítulo I

Todo el mundo posee talento,
puede ser original
y tiene algo importante que contar

Desde que comencé a escribir, hace ya mucho tiempo, he logrado aprender no sólo de mi propia tarea como escritora, sino también de los talleres de escritura que organicé durante tres años. A mis clases asistía todo tipo de personas: ricos y pobres, amas de casa, mecanógrafas, gente culta y gente sencilla, como empleadas de hogar que no habían recibido estudios medios. Conocí a gente tímida y a gente más lanzada; algunos eran serenos, lentos, y otros, ansiosos y rápidos.

Pero esto es esencialmente lo que aprendí de esta experiencia: cada ser humano posee algo importante que expresar, contiene en sí mismo algo original que decir y está dotado de talento.

Confieso que, en más de una ocasión, aquellos alumnos de quienes sospechaba al principio que no tenían nada que relatar, luego eran los que escribían con más facilidad, sin apenas inhibición o simulación; acababan deslizándose tan fácilmente por las páginas que les bastaba una semana para escribir una novela.

Sin embargo, éstos eran quienes inicialmente no parecían avanzar o progresar, pues no conseguíamos alcanzar grandes resultados. Ante la primera dificultad se daban por vencidos y abandonaban.

Mas, a pesar de las apariencias, estos alumnos tenían talento. El problema, tal vez, era que les costaba demasiado romper el muro de la superficialidad de su propia expresión para llegar a lo más profundo de su ser, del mismo modo que otros deben romper el muro de su dureza o de su inflexibilidad.

Todo el mundo posee talento
TODO SER HUMANO POSEE TALENTO. Todo el mundo tiene algo que decir. No hagáis nada durante veinticuatro horas y veréis lo que pasa. Podéis terminar desquiciados. Siempre está el deseo de hacer algo: escribir una carta, cantar, dibujar, coser o cuidar el jardín. Los religiosos suelen refugiarse en lugares aislados, y se les impone el silencio para que, de este modo, puedan conversar con Dios. En estos casos, el diálogo se produce en silencio; sin embargo, lo que importa es que verdaderamente se produce.

Todo el mundo puede ser original
TODO SER HUMANO PUEDE SER ORIGINAL. No importa que cuente verdades o mentiras, que hable de sí mismo o de los demás. Lo fundamental es que debe ser su verdadero yo quien se exprese, y no el yo que piensa o que desea ser. Jennings y John Hopkins se hallan seguramente entre las personas que más saben sobre herencias genéticas y cromosomas. Ambos expertos aseveran que ningún individuo es igual a otro en todo el mundo, que no pueden existir dos personas idénticas. De ello se concluye que, si decidís hablar o escribir sobre vosotros mismos, a la fuerza habéis de ser originales. Por lo tanto, recordad estas dos afirmaciones: todos poseemos talento y todos podemos ser originales. Insisto en ello porque la autoconfianza es uno de los elementos más importantes a la hora de escribir. Más adelante os explicaré el porqué de esta afirmación.

El poder y la imaginación creativos se hallan en cada uno de vosotros y en la necesidad de compartirlos con los demás. Pero, ¿qué pasa entonces? Parece muy provechoso y útil el hecho de que, ya desde muy pequeñas, las personas se vean envueltas en lo que se denomina "crítica constructiva", sin embargo, tarde o temprano descubrimos que detrás de este término se oculta algo muy destructivo que se manifiesta a través de la burla, de tomarle el pelo a los demás, de maestros abusadores, críticos y todo tipo de gente desagradable que a menudo olvida que la letra no entra con sangre y que el espíritu debe proporcionarnos vida.

Algunas veces pienso que la vida es un proceso a lo largo del cual cada uno de nosotros sufre desilusiones y es infravalorado. Pero también hemos de ser conscientes de que, de niños, todos estamos dotados de este poder creativo. En alguna ocasión habréis presenciado cómo las niñas de vuestras familias disfrutan haciendo teatro. Escriben pequeñas piezas para representar (y la mayoría de las veces están llenas de gracia, son entretenidas e interesantes). Actúan, realizan sus propios trajes, ajustados a la época que quieren representar, y transforman los mejores vestidos de sus madres, o aquellos que han hallado en la buhardilla, de un modo ingenioso. Construyen el escenario, deciden el lugar en donde van a representar sus obras, llevan sillas, trasladan el piano, dibujan los papelitos que serán utilizados como entradas para su espectáculo y diseñan sus propios programas. Crean una red tal que consiguen movilizar a su futura audiencia aun cuando ésta se encuentre a varios kilómetros de distancia... ¿Cuál será su recompensa? Tal vez sólo unos peniques. Todas estas niñas, de unos diez años, han estado trabajando llenas de energía y exaltación durante dos días como mínimo. Actúan sólo por el placer de hacerlo, por una suerte de excitación interior. El poder creativo se despliega en cada una de ellas. No ha sido fácil: tal vez han tenido que enfrentarse con serios apuros, pero la ilusión con la que han iniciado el proyecto y la excitación que sentían mientras lo llevaban a cabo no podrán olvidarse jamás.

Sin embargo, esta energía llena de placer, de pasión, muere en nosotros durante la juventud. ¿Por qué? Porque no la valoramos como lo que es, algo grande e importante; porque dejamos que un dudoso sentido de lo que es la obligación la suplante; porque, en el fondo de nosotros mismos, no la respetamos como a un elemento que debemos almacenar y dejar crecer, y porque no la mantenemos viva en los otros, pues desatendemos la capacidad creadora de los demás.

Cuando volvemos a pensar en ello, descubrimos entonces que el único modo de llegar a amar a otra persona no es como nos ha mostrado el estereotipo de la religión, es decir, sirviendo un plato de sopa a aquel que se halla enfermo o que lo necesita, sino de otro modo: consintiéndole que descubra lo que hay en sí mismo de Dios y de poeta. Por medio de este comportamiento, de esta actitud, se mantiene viva en cada uno su parte de Dios, su parte de artista y logramos que florezca y se desarrolle.

¿Cómo muere en nosotros este impulso creativo? La profesora de lengua escribió alguna vez con agresividad contenida en los márgenes de vuestros cuadernos, con lápiz azul: "Volved a escribirlo", y os ayudó a matar vuestro impulso. La crítica en el seno de la familia os destruyó. Éstos suelen ser los grandes asesinos de vuestros impulsos creativos: fundamentalmente los maridos y los hermanos mayores que se ríen con desprecio de sus esposas o hermanos menores, respectivamente, y matan en ellos su potencial expresivo. Lo que los americanos llamaban en el pasado "estar bromeando", da como resultado que os sintáis humillados cada vez que deseéis expresar el más mínimo entusiasmo o sentimiento sincero sobre alguna cosa. Pero ya me referiré más adelante a estos aspectos sociales.

Habréis notado cómo en alguna ocasión educadores, críticos, padres y todos aquellos que os rodean, cuando escuchan lo que habéis escrito, se vuelven quisquillosos y fruncen el ceño con desprecio.

¡Una palabra mal escrita! ¡Como si Shakespeare jamás hubiera cometido errores! ¡Como si lo que se aprende a través de la gramática o en un libro de retórica tuviera alguna

Si quieres escribir

relación con la libertad y con la imaginación!

Un amigo, en una ocasión, me contó sobre ciertas dedicatorias que había leído en algunos libros, del tipo: "A mi esposa, gracias por su útil crítica..." Él pensaba que la dedicatoria, en el fondo, quería decir lo siguiente: "A mi esposa. Si no hubiera sido por su incesante y persistente crítica y por sus quejumbrosas dudas sobre mi posible habilidad, posiblemente este libro habría sido publicado en Harper's y no en The Hardware Age".

A menudo surgen artículos redactados por críticos de muy alto nivel o por importantes escritores. Tanto unos como otros lamentan los intentos llevados a cabo por la gente corriente para aprender a escribir de manera creativa. Los críticos nos golpean las cabezas con sus nudillos para ponernos nerviosos. Sólo a los virtuosos debería consentírseles realizar esta acción. Los escritores de renombre venden curiosos artículos sobre aquellos a quienes consideran locos o creídos porque piensan que pueden escribir. Ello es correcto, en cierto modo. Pero éste es sólo uno de los resultados: todo aquel que trata de escribir se convierte en alguien ansioso, tímido y perfeccionista, tan terriblemente inseguro acerca de los resultados que, como mínimo, pensará que nunca será tan bueno como Shakespeare, y de este modo, se entiende la razón de que no escriba o de que esta experiencia se postergue mes tras mes, década tras década. Cuando escribimos, debemos sentirnos ante todo libres de experimentar que siempre habrá algo positivo en los resultados; lo que en ningún caso debemos sentir es angustia.

Sólo los buenos maestros, aquellos que os aman tanto como amáis vosotros a vuestros mejores amigos, pensarán que hay algo atrayente, importante o creativo en lo que escribís. Su actitud será la siguiente: "Continúa. Cuéntame todo lo que puedas. Me gustaría entender lo que sientes y conocer todos los cambios que se realizan en tu interior: deja que todo ello fluya hacia el exterior." Y si no posees esta clase de maestros y deseáis escribir, entonces hacedlos vivir en vuestra imaginación.

Personalmente, odio la crítica ortodoxa. No me estoy refiriendo a la de grandes críticos como Matthew Arnold y otros, sino a aquella que se sostiene en insignificancias, en una exigente y ruda opinión (en la que se resalta todo lo equivocado), con la que piensan que pueden ayudar a la gente, cuando lo único que consiguen es colocarles camisas de fuerza y llenarlos de dudas y de falta de seguridad en sí mismos. Destruyen así lo poco de valor que aún residía en ellos.

No les detesto por sus efectos sobre mí, pues por lo menos yo no les dejé que entraran e intervinieran en mi espacio; los desprecio por toda la influencia que potencialmente pueden ejercer sobre personas de cualquier edad. Son asesinos de talentos, porque a menudo la gente más humilde y sensible es la mejor dotada, lo más llena de imaginación y simpatía, aunque también la más proclive a ser anulada por esta clase de individuos. Son los brutales egoístas quienes sobreviven.

Por supuesto, es de justicia recordar que nosotros, los escritores, somos, de entre todos los artistas, los que más sufrimos. Siempre *esperamos* más que ningún otro tipo de personas. Si una mujer joven escribe un poema y se lo rechazan, no volverá a escribir otro en los próximos dos años, o tal vez nunca más. Ahora pensemos en la paciencia y cariño que una bailarina o una acróbata pone en su trabajo, o en las incalculables horas que Kreisler ha dedicado a ensayar sus notas musicales. Si cada persona ejerciera su estilo de escritura tanto como Kreisler ensaya su canto, os aseguro que podríais llegar a ganar el Premio Nobel dentro de diez años.

Recordad estas palabras: a partir de ahora escribiréis con toda la inteligencia y amor, como hace Kreisler con sus composiciones. Hay que trabajar espontáneamente y con fluidez, como cuando hablamos a alguien que nos ama. Al menos tres o cuatro veces al día, alejaos mentalmente de todos los conocidos, críticos y personajes que se burlen o duden de vosotros. Entonces trabajaréis durante horas sin caer en el desaliento. En este libro trataré de demostrar cuán importante es que os comportéis de este modo.

Capítulo II

> *La imaginación es el Cuerpo Divino*
> *en cada ser humano*
> William Blake

He señalado que todos podéis ser originales y estar llenos de talento, y también que podéis dejar fluir los impulsos creativos. Muchas veces esta pasión se encuentra inhibida por diversos motivos. Como he afirmado en el capítulo anterior, la crítica, la falta de confianza, los miedos no logran expresarse y, por lo tanto, prevalecerse a través de acciones externas a nuestro mundo interior como pueden ser correr, subir escaleras, tachar palabras de una lista o sencillamente pensar que uno es eficiente. A menudo la ansiedad logra convertirse en un modo de vida y, por una serie de temores, no se superará jamás. Sé que William Blake llamó a este poder creativo Imaginación y que lo equiparó a Dios. Y él debía de saberlo mejor que nadie, pues no en vano se le considera como el más grande de los poetas y artistas de todos los tiempos.

Blake pensaba que este poder creativo debía conservarse vivo en cada ser humano durante toda su existencia. Coincido con él, porque la creatividad es la vida misma... Es el Espíritu.

De hecho, se trata de lo más importante que tenemos. El texto es sólo piernas, estómago, esqueleto, materia y miedos. ¿Cómo mantener, entonces, este espíritu vivo en nuestro interior? Utilizándolo, dejándolo salir, invirtiendo algún tiempo en conseguir nuestro objetivo. Desgraciadamente, muchas mujeres siguen pensando que es más importante limpiar narices y realizar la compra que escribir o tocar el piano; y hay muchos hombres que pasan su vida sumando, restando y dictando cartas, cuando en realidad quieren escribir sonetos y tocar el violín, o dejar brotar libremente lágrimas de emoción ante un atardecer.

Ellos no saben, como Blake, que están pecando contra sí mismos. Sin duda, serían mucho más importantes, se querrían mucho más y se sentirían llenos de luz y de fuerza si se consagraran a escribir los sonetos que desean, tocaran algún instrumento o se emocionaran abiertamente.

Me detendré en este punto y os contaré algo acerca de Blake. Deseo mostraros los beneficios que brinda el uso del potencial creativo; quiero enseñaros una señal de lo que es y de lo que parece (hablar de ello con más profundidad me llevaría un libro entero).

Blake solía aseverar que cuando las energías se desviaban de su escritura o de sus dibujos "se sentía devorado por chacales y hienas". Su amor por el Arte (por ejemplo, al expresar las ideas originarias de su Imaginación, a través de la escritura o de la pintura) era tan grande que lo reconocía en todo aquello que amaba.

A Dios lo llamó en ocasiones "Genio Poético" y señaló: "Aquel que ama, siente que el amor desciende a él y, si tiene sabiduría, puede percibir en sí mismo el Genio Poético, que es el Señor".

Este uso de su poder creativo lo convirtió en uno de los seres más felices que hayan existido jamás. A su muerte dejó una fructuosa obra poética sin la menor esperanza de que algún día llegara a publicarse. Cuando consideraba que había dedicado más tiempo al grabado y a la pintura que a la escritura, tomaba unos meses de descanso. A veces comprobaba que pintaba más cuando dejaba fluir su escritura soñadora. Todo esto prueba que cuanto más se usa con plenitud el poder creativo -como las niñas que producen sus obras de teatro- mejores resultados conseguimos.

En relación a Blake y la felicidad, un hombre que le había conocido dijo: "Si alguien me preguntara acerca de si he conocido alguna vez, entre tantos intelectuales, a un hombre feliz, sin dudarlo el primero que aparecería en mi recuerdo sería Blake".

Si quieres escribir

Además, este poder creativo de Blake no procedía de la ambición. (Pienso que, en cierto modo, la ambición daña esa energía creadora y la transforma en tensión nerviosa, lo que obstaculiza la tarea.) Quemó parte de su propio trabajo; fue consecuente con sus palabras: "Me sentiría apenado si alcanzara fama en la Tierra, porque cualquier éxito que se logre, aunque sea de la manera más natural, irá siempre en deterioro del logro espiritual. No deseo recibir ningún beneficio. Deseo vivir para el Arte. No quiero ninguna otra cosa; de este modo me siento lo adecuadamente feliz".

En los últimos años de su vida, deseó a una niña "que Dios hiciera un mundo tan hermoso para ella como lo había sido para él".

No pensó en la muerte hasta el final. Dijo siempre que era como ingresar en otro recinto. Hasta poco antes del fatal desenlace, estuvo componiendo alabanzas para Dios y las cantaba a su esposa. Justo antes de morir, su expresión se tornó amable, sus ojos brillaron y estalló en cánticos sobre todo aquello que comenzaba a percibir en el Cielo. "¡La muerte de un santo!", expresó una pobre mujer que había venido para ayudar a la señora Blake en las tareas domésticas. Y éste ha sido el hombre que mejor ha logrado transmitir sus sentimientos sobre Dios. Insistió en que la mayoría piensa, erradamente, que Dios es simplemente prudencia, el represor e inhibidor de la energía, lo que lleva al temor, a la pasividad y a la "muerte de la imaginación".

Lo que nosotros a menudo designamos "razón" o "sensatez" y pensamos que es tan importante, no se identifica de ningún modo con la inteligencia o la agudeza de las cosas, sino que es la discusión que mantienen nuestra memoria y las sensaciones que recibe nuestro cuerpo con las advertencias de quienes nos rodean. Ser muy sensato puede resultar bastante aburrido. "Esto no compensa." "La gente pensará que esto es una tontería." "Nadie lo hace." "Esto es inmoral", son las frases típicas que nos impone la sensatez, y que sirven al mismo tiempo para que evitemos cometer la osadía de apreciar las cosas.

Pero el único modo de crecer, comprender y descubrir si algo es malo o bueno, dice Blake, es haciéndolo. "Es más fácil ahogar a un niño en la cuna que atender a los deseos insatisfechos."

La "Razón" como la llama Blake (que en realidad es sólo prudencia) seca sin cesar la imaginación y la pasión, la libertad y el entusiasmo que vive en nosotros. Esto es el Demonio, afirma Blake. Es el único enemigo de Dios. "Nada le agrada más a Dios que la creación de belleza y su exaltación." En una ocasión, un ciudadano importante de esa época, un lógico, sabio, comedido y racional "sabelotodo", previno a la gente contra el "mero entusiasmo". Blake escribió con rabia (y eso que su corazón era tierno): "El entusiasmo debe estar por encima de todas las cosas".

Os cuento todo esto para que comprendáis mejor cuál es vuestro trabajo a la hora de escribir o de llevar a cabo cualquier otra actividad creativa que elijáis hacer. Sé que si logro que vosotros sintáis todo *esto,* lo llevaréis a cabo y persistiréis en ello, y no sólo durante unas pocas semanas, sino durante el resto de vuestras vidas. [1]

Pensamos que la noción de "deber" tiene que hacer acto de presencia desde que decidimos comenzar nuestra experiencia como escritores. No estoy de acuerdo. El "deber" surgirá cuando nos enfrentemos al texto, ya escrito. La escritura, el esfuerzo creativo, el uso de la imaginación; esto es lo que debemos sembrar desde el principio, al menos un rato durante todos los días de nuestra vida. Saber cómo utilizar estos medios es, de hecho, una bendición. Si utilizáis

---

1 Cada vez que hablo de "escritura" en este libro, me estoy refiriendo también a cualquier disciplina que os guste y que deseéis hacer. Puede tratarse de una tragedia en seis actos compuesta en verso libre o blanco, puede tratarse de costura o de acrobacia, o puede consistir en la invención de un nuevo sistema de doble entrada para el libro de contabilidad. Pero cada uno debe asegurarse de que todas sus acciones estarán respaldadas por la imaginación creadora y el amor, y de que no se hallará movido sólo por decisiones tales como, por ejemplo, conseguir dinero o impresionar a los demás.

la imaginación os sentiréis más felices, más iluminados, despiertos, con el corazón lleno de luz y generosidad hacia todo el mundo. La salud también mejorará y se esfumarán los achaques propios de la desilusión, el aburrimiento... y hasta los resfriados.

Conozco a una gran mujer que se dedica a dar clases de violín durante el día (se llama Francesca, ya me referiré a ella más adelante.) Desde la medianoche hasta las cinco de la mañana se siente feliz porque puede ocuparse de la escritura de su libro: ésta es su rutina diaria. El libro es la obra de su vida; ha estado trabajando en él durante treinta años. Espera poder contar a la gente cómo aprender a tocar el violín de una forma armoniosa en dos años en lugar de en diez; quiere hacerlo porque sabe cuán importante es para cada ser humano tocar un instrumento y estar en contacto con la música.

Un día que vino a verme estaba muy resfriada. "¡Oh, acuéstate rápido!", le dije, "te prepararé un zumo de limón bien caliente y te cubriré con una manta".

Entonces abrió los ojos y dijo con cierto tono de cansancio: "¡*Ése* no es el modo de tratar un resfriado! ¿Sabes?, ayer me deprimí un poco y pesqué este resfriado. Pero después de haber estado trabajando durante toda la noche, me siento algo mejor."

En este libro, como podréis comprobar, os vaya dar una buena razón para que trabajéis vuestro estilo de escritura con perseverancia y hasta con cariño, prestándole la atención que merece. Deseo lograr que sintáis la enorme recompensa que hay en el proceso de la escritura en sí, siempre que no os deis por vencidos muy pronto. Unos pocos escritos rechazados o unos años sin ganar dinero, pueden llevar a cualquiera a dejar la experiencia y conducirle a pensar que ha sido una pérdida de tiempo.

Trato, pues, demostraros que existe otro tipo de recompensa y que la escritura -aun dentro de este panorama- no es una pérdida de tiempo. Ningún proceso creativo en el que se encuentren implicados los sentimientos, la imaginación y la inteligencia puede considerarse una pérdida de tiempo.

En cada frase que escribáis, habréis aprendido algo; esta vivencia representará un cambio en lo más íntimo de cada uno, pues habrá servido para aumentar vuestra capacidad de comprensión. Aun cuando no lograrais publicar nada, inclusive aunque no consiguierais ganar ni un céntimo con ello, valdría la pena seguir escribiendo.

Capítulo III

*Por qué un noble caballero
del Renacimiento escribía sonetos*

Tal vez, cuando sintáis la tentación de dedicaros a la escritura, aparezca en vuestro fuero interno cierto tipo de pensamientos: "No conseguiré ganar dinero", o "Nunca lograré publicar nada"; ésta es la clase de ideas que no permiten avanzar y que secan la energía que vive en cada ser humano, pues provocan que éste no consiga aproximarse a una hoja de papel.

Me he encontrado a menudo en esta situación. En las páginas que siguen, os explico de qué manera he logrado dominarla. Durante el Renacimiento, los caballeros escribían sonetos. Sabemos con seguridad que al hacerlo, no se planteaban la posibilidad de que éstos aparecieran publicados en *Los cien mejores poemas de amor en lengua...*, así que cabe preguntarse: ¿por qué los escribían? En la actualidad, una buena razón para escribir sonetos sería la esperanza de que, ciertamente, quedaran recogidos en *Los cien mejores poemas de amor en lengua...;* pero aún con todo, hay otras razones no menos importantes que ésta. Es más: probablemente el soneto no terminara apareciendo en *Los cien mejores pomas de amor en lengua...,* por lo que la existencia de dicho soneto se debe a esas otras razones que mencionábamos antes.

Un caballero renacentista, pues, escribía sonetos por diferentes motivos. Uno, muy sencillo y hasta casi obvio, era porque quería mostrar a la gente que sabía cómo hacerlo. Pero la razón más importante era la de poder expresar a una dama el amor que sentía por ella (aunque se solían componer bellísimos sonetos del más diverso contenido: plegarias en forma de soneto, indignantes cartas de negocios y hasta explicaciones de índole política).

Pero pongámonos en el supuesto de que este caballero

había escrito un soneto de amor a una dama. Su pecho estaba saturado de sentimientos reprimidos que no podía expresar de otro modo, así que lo hacía de la manera más elocuente, bella y apasionada que conocía: a través del papel.

Sabía que aquel soneto nunca sería publicado y que no ganaría dinero con él. No recibiría más galardón que la de aquel que canta en una coral a Bach sin esperar nada a cambio o como la de la niña de diez años que ha escrito sus obras de teatro y sólo ha recibido unos pocos peniques el día de su actuación.

Sin embargo, hubo una secreta distinción al escribir este soneto y es que, a través del papel, el caballero reconocía sus sentimientos y profundizaba en ellos, entendía mucho mejor lo que es el amor, y diferenciaba qué parte de estos sentimientos era puramente literaria y qué parte era real; y todo ello mientras disfrutaba con el uso de una lengua, fuera el inglés o el italiano.

Si pudierais leer las cartas que escribió Van Gogh a su hermano, reconoceríais con facilidad qué es el impulso creativo y os daríais cuenta de que es algo tan fácil como esto: Van Gogh amaba algo, pongamos, por ejemplo, el cielo. Amaba, también, a los seres humanos. Por lo tanto, quería mostrar a los hombres cuán hermoso puede llegar a ser percibido el cielo. Entonces lo pintaba. Eso es todo. Durante su juventud, cuando contaba más o menos veinte años de edad, Van Gogh se preparaba en Londres para ser clérigo; aún no quería ser artista. Una vez se sentó frente a la ventana de su humilde habitación a escribir una carta a su joven hermano, que vivía en Holanda. Van Gogh sentía un profundo cariño por él. A través de los cristales empañados por la lluvia pudo percibir un farol que brillaba como una estrella. En la carta le contó a su hermano lo siguiente: "Es tan hermoso que debo mostrarte cómo brilla". Entonces, sobre un sencillo papel creó el dibujo, tierno y bello, que le había inspirado esta vivencia.

Si quieres escribir

Cuando leí la carta me sentí alentada y tuve la sensación de que algo se aclaraba sobre el infinito camino del Arte. Durante años pensé que para pintar un cuadro o escribir era preciso reflexionar sobre el objeto que se iba a tomar como referencia con extrema seriedad, midiendo todo lo afinado, lo equilibrado que es; analizando en profundidad las obras de otros artistas que lo habían plasmado antes.

También creía que se debía tener cuidado con el diseño, el equilibrio, y planificar la realización de la obra evitando -con gran intransigencia- mostrar bajo ningún concepto la predisposición académica. Etcétera.

Pero cuando leí la carta de Van Gogh, supe lo que significaban el impulso creador y el Arte. Es un sentimiento de amor[2] y de entusiasmo hacia algo tan ardiente y sencillo que no podemos evitar compartir tanta belleza con los demás. La diferencia entre Van Gogh y cada uno de nosotros es que nosotros observamos el cielo y pensamos que es realmente hermoso, pero no avanzamos hasta el punto de querer compartir con otros esta experiencia. Una sencilla razón de que obremos de esta forma tal vez sea que no prestamos tanta atención al cielo ni a los que nos rodean. Puede que esto pase porque a lo largo de nuestras vidas han ido perjudicando la importancia que pudiera tener el cielo para nosotros. El pequeño dibujo del crepúsculo hecho por Van Gogh fue un trabajo artístico porque él se tomó muy en serio los sentimientos producidos por la visión del cielo y de la luz del farol. Para él fue una experiencia importante y, como tal, el dibujo fue hecho con extremo cuidado y con una profunda conciencia del momento vivido: lo creó con todo el amor que sentía. Nosotros lo hubiéramos dibujado con rudeza. Pienso que éste habría sido un buen ejercicio para todos. Había confianza y seriedad en Van Gogh. Esto es lo que Van Gogh escribió acerca de las personas como nosotros, cuyo impulso

---

2   O también puede ser un sentimiento de odio, de aborrecimiento. Sin embargo, los resultados de los trabajos realizados por los seres humanos cuando los ha movido el amor parecen ser mucho mejores que cuando son obra del odio.

creativo resulta impreciso (y no simple, como es en esencia) y se encuentra a menudo mezclado con otros deseos, como el de impresionar a los demás (y no precisamente el de decir la verdad) y hacer lo que los críticos afirman que deben hacer los artistas: "Cuando veo que los jóvenes pintores componen y dibujan *de memoria*[3] y luego denotan con actitud pesimista todo aquello que les parece que ha sido realizado también *de memoria*, me lleno de disgusto y me siento hastiado. Ellos no logran entender por qué la figura de un trabajador -algunos surcos en un campo arado, un poco de arena, agua del mar y cielo- son objetos tan serios, tan difíciles como hermosos a la hora de efectuarlos. No estaría mal dedicar parte de nuestra vida a la tarea de expresar la poesía escondida en ellos."

Para mostrar el impulso creativo de Van Gogh, hay que destacar su enorme genialidad y aclarar que se inspiraba, a la hora de hacer sus composiciones, simplemente en el amor que sentía hacia lo que veía y en el deseo de querer compartirlo con los demás; con generosidad, y no con el objetivo de exhibir sus obras. Añado a continuación algunas reflexiones que hizo en sus cartas para mostraros que lo que este hombre tenía era exactamente lo que todos tenemos en nuestro interior. Analizar estos puntos es uno de los objetivos de este libro.

"Mi única ansiedad es pensar si lo que soy capaz de hacer... podrá ser bueno y útil para alguien; en el cuadro deseo expresar algo que pueda consolar del mismo modo que lo hace la música."

"A menudo paseábamos juntos. El lugar era hermoso; bastaba con abrir un ojo en el que no hubiera ni una brizna de paja para darse cuenta. Pero aun cuando el ojo tuviera una viga, el lugar sería hermoso igualmente."

"Los pintores deben comprender la naturaleza, amarla y enseñar a observarla."

"Aquel amanecer, cuando regresábamos mi padre y yo de Zundert cruzando el brezal, el sol se tornaba rojo detrás de

---

[3] Las cursivas son suyas

los pinos y el cielo se reflejaba en los estanques; el brezal y la arena amarilla y blanca lucían tan llenos de armonía y sentimiento que comprobé cómo hay momentos en los que todo en nuestro interior se halla lleno de paz, y nuestra vida se parece al corredor a través del brezal, sin embargo, también sé que esto no pasa siempre."

"Lo que ha cambiado es que ahora mi vida tiene menos dificultades, aunque en el fondo la situación no ha variado. Lo único que ha cambiado de verdad es que ahora pienso y amo más seriamente que antes."

"En una ocasión en que me hallaba enfermo y caía una nieve húmeda que se derretía fácilmente, me levanté por la noche para mirar el campo. Nunca, nunca en mi vida me pareció la naturaleza tan intensa e impactante."

"En unos pocos años tengo que terminar un trabajo. No debo acelerarme; no es bueno. He de trabajar con calma y serenidad, con tanta regularidad y concentración como sea posible, de modo conciso."

"El mundo sólo me concierne en tanto siento una cierta deuda y un deber hacia él y, además de mi *gratitud*[4] deseo dejar algún recuerdo a través de mis dibujos y pintura, no para estar de acuerdo con una cierta *tendencia del arte,* sino sólo para expresar mis sentimientos más sinceros."

En cada una de estas afirmaciones podemos reconocer el impulso de Van Gogh; sin embargo, en nosotros este impulso se encuentra oculto y confundido por preguntas tales como: ¿será este trabajo bueno o malo?, ¿será considerado un objeto artístico?, ¿será lo suficientemente moderno o resultará demasiado academicista?, ¿recibiré por él una cantidad de dinero que indemnice el tiempo invertido?

Van Gogh fue uno de los grandes pintores de su tiempo. En la actualidad, cualquiera de sus cuadros está valorado

---

4   Las cursivas son mías. Y como podéis ver, él trabajó movido por el amor y la generosidad. En esa época la sociedad trató a Van Gogh tan mal como jamás pudiera tratarse a un artista. Se volvió loco a consecuencia de la pobreza y la escasez. Un falso artista que hubiera trabajado sólo para impresionar a los demás se habría sentido mucho más ofendido.

en millones de dólares. Toda su vida estuvo llena de privaciones, soledad, pobreza y carencias, que lo llevaron a la locura, y sin embargo, tuvo una de las existencias más felices y apasionadas que se hayan podido vivir. Hasta tal punto fue importante su vida que unas pocas palabras que dejó escritas en sus cartas han cambiado por completo mi existencia, muchos años después de su muerte.

Uno de los aspectos más interesantes de la recompensa interior se sustenta en cierta expansión del entendimiento, en una suerte de iluminación. Cuando pintaba el cielo, Van

Gogh era capaz de mirarlo con embeleso, mucho más que si sólo se hubiera detenido a observarlo. Del mismo modo (como pude explicar en alguna de mis clases), nadie conocerá hondamente a su esposo, salvo que trate de dibujarlo; nadie podrá entender a su pareja, salvo que trate de escribir una historia acerca de ella. Si comparto estas reflexiones con vosotros es porque me han servido para vencer mis propias dificultades. Uno de los mayores obstáculos y alejamientos para mí ha sido pensar en el dinero. Si escribís obsesionados por la imagen del beneficio económico, en realidad no lograréis ganar dinero con vuestra tarea porque ésta aparecerá vacía, seca, fría y sin vida.

Por otra parte, si sólo os dedicáis a ganar dinero, luego os sentiréis avergonzados de ello. Los trabajos publicados os servirán como seña.

Otro obstáculo, en mi caso, era la idea que tenía de que a través de la escritura uno se puede lucir y (dado que yo quería ganar dinero y deslumbrar al público[5]), situarse en

---

5   Recordad que cualquier estímulo, además de la escritura, que os produzca todas estas emociones también vale la pena. Usadlo. Comenzad. Si deseáis únicamente deslumbrar a los otros, intentad lo; a todos os deseo buena suerte. En mi caso, el motivo fue la exhibición y dio como consecuencia un resultado nauseabundo. La experiencia me ha demostrado que, después de un tiempo, los motivos que apuntan a deslumbrar al público dan malos resultados. Pero si el culto *al yo* y al exhibicionismo son los motores que os impulsan, también os animo a seguir adelante. Bienvenido sea todo aquello que os impulse a escribir. Estoy convencida de que, con la práctica, pasaréis por esta situación; cuando la superéis, surgirá una motivación más auténtica.

una posición bastante privilegiada.

Finalmente entendí, a través de William Blake, de Van Gogh, de otros importantes pensadores y también a partir de mi propia reflexión, que la verdad se hallaba en mi interior; lo que aprendí a plasmar ya defender tanto como ahora trato de influir en cada uno de vosotros en la defensa de la verdad interior. Pude así comprender lo que verdaderamente significaba la escritura: un impulso para compartir sentimientos o verdades con los otros seres humanos. No se trata de adiestrar, sino de dar a quienes puedan oír. Y si no pueden, no importa. No precisan escuchar. Eso es todo. Nunca caería en ninguno de estos dos extremos. "No tengo nada que decir ni tengo nada importante que expresar o que dar a los demás" y "el público no quiere un buen material."

Una vez aprendidas estas cuestiones, logré escribir con libertad y con cierta vivacidad, y nunca más me sentí culpable o tensa por poseer el don de la escritura; tampoco sentí que me impulsara a escribir un motivo siniestro o que la ambición me hiciera apretar los dientes; como les pasa a algunos hombres de negocios que, en su lucha egoísta, olvidan cualquier sentimiento de amor y la importancia de la imaginación, y muy pronto se convierten en artríticos emocionales y espirituales, tan endurecidos y poco creativos como momias[6]. (Llegué a entender todos estos argumentos porque los viví en mí misma, aunque fuera a una escala muy pequeña; trato de no hablar sobre aquello que no he experimentado.) En efecto, a través de mi propio trabajo pude darme cuenta de que la escritura no es un tipo de espectáculo, sino una expresión de generosidad.

Hace tres años le escribí a alguien: "Creo que deberías

---

6   Serán escasamente creativos para hacer sus negocios, porque el poder creativo se expresa en los negocios tanto como en otras facetas. Conozco a un ejecutivo cuyas frases eran mucho más vitales y mostraban una visión más generosa y creativa que las de muchos artistas. Pero el problema que existe al expresarse en los negocios con tanta libertad como en el arte es que uno no puede ser imprudentemente generoso dando salarios cada vez más altos y ofrecer amorosamente todos los productos al público sin cobrarlos.

redactarlo otra vez. Pienso que hay algo interesante en tu texto y que hay en él un toque de "trabajo creativo" (perdona este término[7]), un estado de excitación. Esto es equivalente a lo que pasa con un grifo: "cuanto más logres abrirlo, más agua saldrá por él." En este horrible siglo XX vivimos inmersos en un materialismo tal que nos lleva a preguntarnos para qué sirven la escritura, la pintura o cualquier otra actividad artística si con ellas no logramos una notable audiencia o ganamos bastante dinero. Sócrates y otros filósofos contemporáneos hicieron mucho más porque para ellos la recompensa era exclusiva; consistía, por ejemplo, en la expansión del alma. Sí, somos demasiado materialistas respecto a estos temas. ¿Para qué sirve?, preguntamos siempre que hacemos algo, preocupados por ver si obtenemos éxito o dinero con ello; y no pensamos que cuando alguien se muere, ahí se quedan su éxito y su dinero. Sócrates y los griegos consideraban que la vida de un ser humano debía estar en armonía con las "tendencias del Alma" (el Alma incluía para ellos la inteligencia, el espíritu, la comprensión y la personalidad). Gracias al alma vivimos eternamente, con todas las posibilidades.

"Pienso que es correcto trabajar por dinero, trabajar para poder adquirir los objetos que precisamos, aunque fuesen unos pocos; el error consiste en sentir que el trabajo, el esfuerzo y la búsqueda no son los elementos realmente importantes de la existencia. Uno no puede esforzarse en escribir una historia corriente, popular, si no aprende algo sobre las cosas que no son corrientes. Pero, bien, ya es suficiente. No empezaré a delirar."

Ya he desarrollado con amplitud algunas de las razones por las cuales podréis trabajar de ahora en adelante con verdadero amor, imaginación e inteligencia, sobre todo en la escritura o en la tarea que realmente os interese. Si lo hacéis,

---

7   Emplear la palabra «creativo» siempre me ha desconcertado. Tanta gente la ha gastado al usarla... Pero debo utilizarla. Esto es lo que quiero expresar.

Si quieres escribir

de todas las montañas que logréis escribir, será publicado -con seguridad- alguna colina. O tal vez lleguéis a amasar una fortuna o ganéis el Premio Nobel. Pero aún cuando nunca lograrais publicar ni ganar un céntimo, la experiencia de la tarea en sí misma ya habrá dado sus frutos.

Capítulo IV

*La imaginación trabaja
lenta y silenciosamente*

En este capítulo trataré de exponer en qué consiste el poder creativo, cómo todos pueden llegar a descubrirlo en nosotros mismos y cómo podemos separarlo de las dudas que siempre nos asaltan y de los exámenes a los que consecutivamente nos sometemos, y sobre todo, cómo podemos separarlo de la memoria. Por culpa de la memoria y la erudición (por ejemplo: los recuerdos de ciertos acontecimientos difíciles a los que nos hemos tenido que enfrentar en alguna ocasión en nuestra vida) se puede asfixiar fácilmente la creatividad.

A menudo escuchamos la palabra Inspiración e imaginamos algo que viene de afuera como un burbujeo de luz, bajo cuyos efectos, en un rapto iluminado de los sentidos, con el cabello revuelto y una excitación exaltada, un poeta o un artista empieza a pintar o a escribir impulsivamente.

Siempre me ha despertado una profunda tristeza imaginar que esto era la Inspiración, pues nunca he sentido nada parecido. Cuando la Inspiración llega, lo hace de una forma lenta y silenciosa. Pongamos el ejemplo de alguien que desea escribir. Lo normal es que no lluevan demasiadas ideas al primer intento; quizá ninguna. Esta persona puede sentarse ante la máquina de escribir sin pulsar ni una sola tecla, mirar por la ventana y enredar los dedos en el cabello, con una mirada ausente, durante una o dos horas. No importa. Esto también es positivo porque puede pasar que, en este estado de ensueño, tarde o temprano pueda escribir algo sobre el papel.

Lo que sí importa es saber que ha de sentarse un rato al día siguiente, y lo mismo al otro día, y así todos los días durante algún tiempo. La idea proyectada de que tenemos que estar activos y llenos de energía a todas horas es equivocada. Bernard Shaw afirmaba que no era verdad que Napoleón estuviera siempre dando órdenes a una docena de secretarios y ayudantes, tal como se nos ha contado; seguramente dedicaba un tiempo, tal vez meses, a pensar estas decisiones. Ésta es la razón de que, a menudo, personas inteligentes, que sienten inclinación a hacer las cosas en el momento y que a su vez empujan a otros a comportarse como ellos, suelen pensar que no son creativos. Pueden serlo, en efecto, pero es preciso que concedan al ocio, a la pereza o a la soledad un rato, y que permanezcan durante ese lapso de tiempo tan inactivos como un hombre que pesca en un muelle mientras mira y piensa en silencio. Esta mirada silenciosa y este modo de pensar forman la imaginación, porque permiten que fluyan las ideas.

No hay ninguna perspectiva imaginativa en el hecho de hacer[8] algo que ya conocemos de antemano, algo que nos ha sido señalado o mandado por alguien. En ese momento la mente se vuelve espantosamente estéril y seca porque cuando realizamos una cosa detrás de la otra, el proceder es rápido, decidido, eficiente. Y esto es así porque nadie tiene tiempo para desarrollar sus propias ideas y dejar que éstas surjan con su renovado esplendor.

Cuando vosotros deseéis tomar una decisión, concentraos; pensad en todas las posibilidades. De este modo, estaréis expresando el temor imaginario a no ser capaces de ejecutar vuestros deseos. Si supierais de antemano que podríais realizar vuestros objetivos sin problemas, sonreiríais con expresión feliz y os pondríais manos a la obra. El temor (puesto que la imaginación es siempre creativa) se hace presente de golpe y si es lo suficientemente fuerte puede hacernos caer en una profunda depresión durante semanas o años, y acabar con los logros que hubiéramos logrado hasta ese momento.

¿Por qué llegan las personas a esta situación de depresión? Porque están llenas de miedo; este miedo trata de dominarlas

---

8   Mis términos horrorizarían sin duda a un psicólogo, pero a mí no me importa.

y las conduce a la única razón de su existencia: ganar dinero y obtener todo tipo de seguridades. Si los que tienen hijos tratan de controlarlos y oprimirlos todo el tiempo es porque tienen miedo de que éstos no se sientan seguros, pensando tontamente que a través de la autoridad se les garantizará este sentimiento de seguridad. Del mismo modo, usamos la voluntad para conseguir que los logros financieros, artísticos, éticos o de la índole que sean nos brinden seguridad.

Los grandes artistas, como Miguel Ángel, Blake o Tolstoi ¿Por qué ellos eran diferentes? Quizá la respuesta se encuentre en estas palabras: "No debemos estar ansiosos por el mañana", y "¿quién puede, sólo por estar ansioso, crecer un centímetro más?"

Ellos se atrevieron a disponer los ratos de ocio, es decir, a no pasarse todos el tiempo presionados y llenos de obligaciones. Se atrevieron a amar a todas las personas -las buenas y las que no lo eran tanto- y se atrevieron a tratar de estar con los demás sin tratar de controlarlos ni dominarlos, ni señalarles lo más beneficioso para cada uno. Para las personas creativas, saber lo que puede ser bueno o conveniente forma parte de la libertad de cada uno: en esto consiste la imaginación (o lo que también puede denominarse "conciencia" o "inspiración divina") que puede crecer por su propio impulso o energía e inducir a tomar unas decisiones que quizá le parezcan al policía o a las autoridades una decisión errónea.

Descubrimos que no sirve de nada ser tan críticos con los demás, por ejemplo, cuando señalamos los errores ajenos sin plantear una posible solución o cambio que llevar adelante. Es mi deseo mostrar cómo estas personas pueden convertirse en seres creativos, llenos de imaginación. Sencillas y tenaces, viven agobiadas por un sin fin de tareas, hundidas en la rutina, bajo el peso de las obligaciones y los mandamientos, por lo que no proceden de una forma creativa, sino de una forma mecánica.

Hay un mandamiento que dice: "Honra a tu padre

y a tu madre". Los seres humanos activos, eficientes y voluntariosos toman nota de esto cada día, se concentran y creen que cumplen el precepto. Sin embargo, sus padres sienten y saben que no es así, que ese amor no surge del corazón, pues las apariencias no consiguen engañarlos.

El hombre creativo dice: "Honra a tu padre y a tu madre... Esto es interesante... No parece que yo los honre demasiado... ¿por qué me pasa esto?" Y el pensamiento creativo lo lleva hacia cierto lugar, hacia cierta verdad, en la que aparece un padre que estaba siempre enojado y una madre que daba golpecitos a la cabeza del niño. Estos recuerdos le distraen, lo intenta de nuevo y se plantea resolver este asunto, tratando de ser más bueno y procurando controlar su temperamento.

Tal vez aparezca la idea de que, después de todo "eran *ellos* quienes estaban siempre enojados y aburridos... ¿será por todo esto por lo que yo soy como soy?" Y sigue adelante y busca y pide las respuestas a todos estos interrogantes planteados en su imaginación.

Los seres imaginativos son capaces de honrar y amar a las personas tal como son, con todas sus limitaciones. Finalmente, uno llega a la conclusión de que la imaginación solicita un tiempo de madurez; un feliz, productivo e intenso tiempo para el ocio, para pasar el rato sin hacer nada. La gente que siempre está tan ocupada como un pajarito que construye su nido tienen torpes e insignificantes ideas del estilo de: "Ahora sé cómo reducir en 328 dólares mi presupuesto semanal". Pero estas personas no producen ideas importantes, esas brillantes, nobles y magníficas ideas que a veces se presentan cuando menos las esperamos, mientras corremos desesperados de oficina en oficina, bajando y subiendo escaleras y pensando que a través de la acción convertiremos nuestras vidas en algo más cálido y pleno de sentido.

Plotino, el gran filósofo místico, afirmó: "Así son los hombres, demasiado débiles para la contemplación". (Él usó esta palabra para referirse a la imaginación.) "Como no pueden entregarse a la contemplación a causa de la debilidad de sus almas, y no les es posible permanecer en contacto con la realidad espiritual y sentirse completos con ello, y como, a pesar de todo, quieren poder ver esta experiencia, son conducidos hacia la acción para ver a través de ella lo que no logran ver con el ojo espiritual."

Pero debo volver al punto central de este libro: la escritura. Si quieres escribir, las ideas vendrán, sin duda, y brotarán de tal modo que tendrás algo que contar. Pero si no llegan buenas ideas, y pasa bastante tiempo, no te preocupes mucho. Ese tiempo de espera es preciso. Anotarás todas las ideas por más insignificantes que te parezcan, aunque sin sentirte culpable ni por el tiempo que dediques al ocio ni por la soledad. Debo explicar algo al respecto: cuando la ociosidad se vive como un comportamiento que produce preocupación, inquietud o estupidez mental, entonces de nada sirve este estado, pues resulta infructuoso. Cabría pensar, en este caso, por qué el tiempo libre que no es creativo, como el que destinamos a alimentar nuestras mentes con toda clase de historias de detectives o artículos de revistas del corazón, no es considerado como demasiado inútil o poco provechoso[9].

Los niños padecen de una "pereza ensoñadora"[10], parecida al ocio que hace acto de presencia cuando caminamos solos durante bastante tiempo o perdemos un buen rato en vestirnos, o cuando estamos en la cama al anochecer mientras

9   Personalmente incluyo en esta categoría de tiempo libre no creativo gran parte del griterío, charla superficial de la vida de sociedad, juegos de cartas y todas las lecturas que "pasan" por una persona sin afectarla en lo más mínimo. Es decir, que leen sólo para matar el tiempo; este hecho les va afectando lentamente hasta corromperles el alma.

10 Afirmaréis que los niños no permanecen solos cada día durante cuatro horas o, por lo menos, que no quieren estarlo, y son creativos, aun sin pretenderlo durante todo el tiempo. Como se les despoja de todo deber y ansiedad, cuando sus padres los llevan a algún sitio, no están pensando nerviosamente: ¿llegaremos pronto o tarde?, ¿hemos dejado el horno encendido en casa?, etcétera, sino que se relajan, miran por la ventana y piensan. Viven en el presente: por eso los niños disfrutan tanto mirando y escuchando. ¿Por qué son tan buenos imitadores de los mayores? Porque son grandes observadores que atienden a las cosas que les interesan con mucha concentración. Después se les enseña a forzar la concentración dejando de lado la parte imaginativa, como nos sucede a los adultos.

los pensamientos van y vienen o cavamos sin prisas en el jardín, o conducimos durante horas el automóvil, o tocamos el piano, o cosemos o pintamos. Sin duda, es un maravilloso instante de ocio aquél en el que una persona se sienta con un lápiz y un papel o ante su máquina de escribir para anotar todo aquello que desea que suceda en su historia. Todas estas situaciones, sin duda, favorecen al ocio creador.

Insisto en aseguraros, con la mano en el corazón, que, muy a menudo y en ocasiones como las mencionadas, si prestáis atención podéis enriqueceros y recargar vuestra cálida imaginación con hermosos y vivos sentimientos.

Algunas personas, cuando se sientan a escribir y ven que no sale nada especial, se preocupan, se atestan de café para poder avanzar más rápido, fuman en exceso, consumen drogas o beben. Lo que ellos no saben aún es que las buenas ideas tardan en surgir y, cuando finalmente llegan, lo hacen con lentitud; cuanto más tranquilo se halle cada uno (y sin la ayuda de estimulantes), más lentamente se presentarán las ideas, pero, indudablemente, mejores serán.

A través de Tolstoi pude aprender todo esto. Estaba habituada a beber mucho café y a fumar dos paquetes de cigarrillos diarios. Ambas cosas me ayudaban a trabajar sin descanso durante varios días. Lo triste de todo este asunto es que lo poco que lograba escribir no era muy bueno.

Podía empezar con facilidad, pero el resultado no era original y a menudo se entremezclaba con tópicos y elementos pretenciosos.[11]

Tolstoi aseveró al respecto: "Si no fumo, no puedo escribir. No puedo avanzar. Empiezo y no puedo continuar." Esto es lo que usualmente se dice y lo que yo afirmé también tiempo atrás. ¿Qué significa realmente?" Significa

---

11 En otro capítulo explico por qué cosas como éstas carecen de la menor importancia. Aunque llenara todo el Museo Británico con material de este tipo, no sólo nadie intentaría leerlo, sino que tampoco me haría ningún bien escribirlo. Pero si hubiera escrito algo verdadero y bueno, aunque no le interesara a nadie, a mí me causaría un gran bienestar.

que tal vez no se tenga nada que escribir, o que lo que se desea escribir no haya madurado todavía lo suficiente en la conciencia. Por ello, cuando aparece, lo hace con debilidad y acompañado por el crítico interior[12] que no es lo mismo que hipnotizado por el tabaco. "Si no fumáis, podréis abandonar lo que habéis empezado o esperar a que las ideas se aclaren. Entonces podréis asomaros a eso que surge aún con debilidad y trataréis de penetrar en esas ideas -ya sea a través de un paseo tranquilo o de la calma que brinda la soledad-; así los objetos serán considerados en detalle. Pero muy diferente es el resultado cuando se fuma y el crítico interior también está fumando.

En este caso, la verdad que busca el crítico interior se encuentra atontada, los obstáculos cambian de situación. Lo que para todos -cuando nos hallamos embriagados por el tabaco parece intrascendente, ahora, en la lucidez, resulta ser importante; aquello que parecía oscuro a nuestra comprensión, ya no lo es. Las objeciones que se presentaban, se desvanecen y podemos seguir escribiendo y escribiendo mucho más y mejor."

Con estos ejemplos no quiero presionar para que todo el mundo deje de fumar. Cada persona sabrá lo que le conviene. Simplemente deseo explicar que Tolstoi sabía que las buenas ideas venían con lentitud, y esto no supone un motivo para preocuparse o asustarse. Es lo mismo que cuando se le ofrece a una persona cansada una bebida estimulante: antes de beber, posiblemente no emita palabra porque, después de realizar un esfuerzo físico, hasta el simple hecho de pensar produce cansancio. Pero después de beber, todos sus

---

12 Por "crítico" Tolstoi entiende lo que yo llamo el verdadero yo, la imaginación, la conciencia o la inspiración divina. Se trata de algo que siempre está buscando en nuestro interior, intentando liberar lo que de verdad pensamos de lo que debemos pensar, lo que se nos impone a través de padres, profesores o críticos literarios. Yo amo a "este crítico" que hay en nosotros. Al que aborrezco es al que siempre está midiendo, comparando, aconsejando y advirtiendo sobre los errores, pues crean ansiedad y dudas a todo el mundo al mostrarles cómo deben hacer las cosas. No: cada hombre debe actuar conforme a su conciencia, a través de su verdadero y personal crítico creativo

pensamientos fluirán de nuevo y serán tantos que pasará lo mismo que les ocurre a aquellos que empiezan a hablar y no pueden detenerse. Este tipo de conversación no es creación, es sólo evacuación mental.

Fue Tolstoi quien me enseñó cuán importante era estar ocioso, pues es entonces cuando los pensamientos fluyen con más lentitud. Porque lo que hoy escribimos es lo que en otro momento de calma y soledad se deslizó en nuestra alma.

Acerca del héroe de *Crimen y Castigo* nos explica Dostoievski: "Raskolnikof vivió su verdadera vida, pero no cuando asesinó a la anciana o a la joven, pues en estos casos actuó como una simple máquina, descargando el arma que había guardado cargada durante algún tiempo. Raskolnikof vivió su verdadera vida en aquellos momentos en que se hallaba reposando en el sofá. Entonces decidió si iba a matar o no a la anciana o a la joven. La cuestión fue determinada cuando su estado de conciencia era mínimo y en ese marco se fueron realizando pequeñas modificaciones. Éstos son los momentos en los que se requiere tener una gran claridad para poder decidir la solución más adecuada a los problemas que se presentan, y es justo en esos instantes en los que un vaso de cerveza o un cigarrillo pueden sugerir la solución menos acertada a estas preguntas, inclinándose en la balanza de las decisiones la parte más animal del individuo, como en el caso de Raskolnikof."

No pretendo con este relato que dejéis de beber o fumar (aunque lograrlo no estaría del todo mal). Sólo quiero mostraros que el proceso de escribir no se limita al instante en que se está realizando, sino que siempre es el resultado de cierta conciencia forjada en el pasado durante un período de calma, de relajación y silencio. Fue Raskolnikof, sentado en su sofá, enfermo, miserable y desesperado por su hermana y su madre, quien al imaginar, qué hacer, consideró el asesinato como un posible recurso y lo ejecutó días más tarde.

De este mismo modo, todo aquello que hoy se puede

escribir tiene su origen en algún momento anterior de relajación mental. Fue justamente en ese otro día cuando las imágenes y visiones se construyeron con lentitud. Al tomar el lápiz aparecieron pensamientos y sentimientos que contar,[13] y no surgió la escritura de un modo superficial y automático, como cuando los niños se descargan a gritos en una fiesta de cumpleaños. Esto es verdad, puesto que muchas personas lo han experimentado así.

El porqué es verdad será explicado en los capítulos siguientes. No quiero decir que este argumento tenga la misma categoría que una afirmación del tipo "Cristóbal Colón descubrió América en 1492", pues debe proceder del interior de cada uno y no de una teoría sobre el yo. En definitiva, su origen se instala en la verdad de lo que realmente piensan, aman y creen las personas, y no del deseo de querer impresionar a los demás.

Por esta razón espero que tengáis la fuerza de voluntad de sentaros frente a la máquina de escribir durante un rato cada día (aunque sólo sea media hora; dos horas estaría mejor, cinco ya sería un hecho destacable y con ocho se llegaría inclusive a la transfiguración). No importa si en lugar de escribir pasáis el rato jugando con vuestro cabello. Si interrumpís el proceso creativo durante más de dos días, os será doblemente difícil comenzar de nuevo. Y no dejéis que este comportamiento cause en vosotros cierto temor.[14] A veces permanecemos una o dos horas inactivos y no surge nada. Esto es duro de aceptar, en especial para la mentalidad de un anglosajón, que siempre intenta ser eficiente y vive

---

13 Aunque recordad esto: al sentaros quizá no seáis conscientes de haber pensado en algo importante que decir. Así, os sentaréis con la mente en blanco, de buen humor y sonriendo como de costumbre, y no frunciendo el ceño, solemnemente, por el peso de vuestro mensaje. Entonces, cuando empecéis a escribir, surgirá alguna idea, algo verdadero o interesante.

14 Espero poderos explicar el porqué de vuestros miedos antes de haber acabado este libro, y mostrar que los podéis superar.

obsesionado con el rendimiento, de lo contrario se siente inútil y culpable. No quiero que penséis que sois estúpidos o que no poseéis talento. Tampoco quiero que pospongáis vuestro trabajo, como hacen tantas mujeres dotadas para la escritura, que esperan que el marido se jubile y los hijos hayan terminado los estudios.

Capítulo V

*Es más fácil ahogar a un bebé en su cuna
que atender los deseos insatisfechos*
William Blake

No tengo nada en absoluto en contra de la acción. La acción puede ser gloriosa y cada uno tiene que actuar cuando lo precise el momento. "Los deseos no realizados alimentan la podredumbre en el alma", afirmaba Blake.[15]

Ésta es una buena razón para evitar estar siempre de mal humor. Hay quien actúa (por ejemplo, expresando lo que ha pensado en su tiempo de ocio) para ser una persona mejor, para sacar el mayor partido a las potencialidades que tiene en su profesión, ya sea médico, hombre de negocios o madre.

En este libro trataré de exponer el camino para que cada uno pueda expresarse a través de la escritura; ello se logrará plasmando vuestras vivencias o aquello que pensáis en un papel. Cuando cada uno de vosotros vea lo que ha creado, seguirá escribiendo, en lugar de dudar acerca de la calidad de su obra, y rogará a Dios que se mantenga la luz que le permite hacerlo. Siempre, pensad en silencio por unos instantes. Expresad luego vuestro pensamiento, pero no tanto por quererlo, sino por la fe que habéis puesto en ello. Ésta es una de las razones por la cual no he asegurado en ningún párrafo de este libro que "todos deben expresarse, todos tienen la obligación de escribir." Ya hay muchas presiones en relación a la idea de lo que es el deber, idea que, por supuesto, produce no pocos temores en cada uno de nosotros.

El resultado, en definitiva, es la existencia de demasiados "debes" como para que el talento pueda empezar a irradiar de un modo libre y gozoso. No pretendo predisponer a nadie contra la acción. Sólo deseo animaros a que evitéis un modo

---

[15] Es decir, si no actuamos (expresamos lo que imaginamos a través del trabajo o de nuestras relaciones para aprender y pensar mejor), acabaremos pudriéndonos.

de hacer las cosas nervioso y vacío. Una acción establecida por la obligación siempre dará un resultado estéril.[16] Cuanto más rápido se trate de dar cumplimiento a un montón de cosas inútiles, más rápido se perderá el sentido de la vida.

Entonces, si tratáis de escribir, tratad al menos lo siguiente: permaneced solos en la habitación; resignaos a la idea de que únicamente en la calma puede conseguirse un resultado con algo de valor. Tomad un lápiz, sentaos frente a la máquina de escribir y mirad por la ventana. Comenzad anotando los diferentes colores que aparecen en el cielo, y *absorbedlos* con una actitud tranquila y ensoñadora: "Estrella... cuatro puntos... amarillo." No trataremos de escribir oraciones (a menos que realmente surjan) sino que saldrá de nuestro lápiz una escritura imbuida de ensueño y sin prestar demasiada atención. Conviene escribir sólo lo que aparezca a primera vista; así tal vez podáis, sin intentarlo demasiado, pensar: "No me siento en absoluto como si estuviera trabajando. ¿A qué se debe este estado de ánimo?" Hay que saber encontrarse a uno mismo otorgando una descripción luminosa de lo que fue hasta ayer apatía y aburrimiento. O garabatear durante unos momentos de ocio algo como esto: "Parece que tengo deseos de escribir una historia que pueda venderse bien. Debe tratar sobre una duquesa, pero como nunca conocí a nadie con ese título me resulta difícil imaginármela. ¿Cómo podría llamarse?". Llegados a este punto se provocarán una serie de asociaciones. Algo surgirá, aunque sea una pequeña idea, y esta información irá aumentando cada día.

Antes de hallarnos hilvanando escritos acerca de vosotros mismos y de las personas que conocéis, quiero agregar

---

16 Lo que la gente llama «voluntad., significa hacer algo con obstinación y con actitud desafiante, mientras os permitís imaginar que todo el mundo está pensando que no sois buenos haciendo esto. Sin embargo, eso es una tontería. La gente hace cosas importantes por "voluntad" que no son necesariamente buenas. Por ejemplo, un soldado o un recaudador de impuestos pueden verse obligados a cometer acciones crueles y sin sentido si se evalúan según la imaginación y el amor.

algunos conceptos sobre lo que hasta ahora he denominado imaginación o poder creativo que habita en cada uno de nosotros, cuál es el modo de detectarlo y cómo funciona.

Lo que contaré, en principio, tiene que ver con mi propia experiencia: una caminata de varios kilómetros ayuda a nuestros objetivos. Caminad solos cada día. Lo he hecho durante años y me ha dado buenos resultados. Al volver de mis paseos solía sentirme recargada y si por alguna razón un día no podía caminar, al siguiente me sentía inmersa en un estado de "pobreza", como lo denominaba Van Gogh: "La pobreza o lo que algunos llaman depresión".

Si dejaba de caminar durante un día o dos, luego, cuando trataba de escribir, sólo lograba sentirme aburrida y sin voluntad. Durante mucho tiempo atribuí esta sensación al hecho de encontrarme durante horas sentada en una habitación, llevando una vida demasiado sedentaria (esto mismo le sucede a mucha gente que no se mueve al aire libre, sin que lleguen a conocer el motivo de esta molestia).

Pero no sólo he aprendido que es bueno pasear. Cada vez que he tratado de realizar una serie de caminatas,[17] por el sólo hecho de hacer ejercicio, he descubierto que no se había beneficiado mi capacidad imaginativa. Al día siguiente, cuando intentaba escribir, la experiencia era de tal escasez que hubiera sido mejor no salir a caminar de ese modo.

Sin embargo, cuando daba mi paseo y al mismo tiempo iba contemplando el lago, el cielo o las minúsculas, desnudas y delicadas ramas de los árboles, o me detenía en todo aquello que miraba, y perdía la rigidez y la tensión de mi cuello y de

---

17 Toda mi vida he sido una autodidacta bastante insegura, pero he aprendido mucho mejor de este modo, y no os diría nada que yo misma no hubiera experimentado. Pero si pensáis que el autocontrol y la autodisciplina son un método mejor para vosotros que la imaginación, no lo dudéis y ponedlo en práctica. Y si alguna vez digo "debéis" o «tenéis que» en este libro, es porque todavía sobrevive en mi interior el viejo impulso autodidacta. La gente que siempre trata de arreglárselas por sí misma también quiere dirigir a los demás. Suelen pensar que saben más y se sienten seguros, por lo que no se muestran abiertos a nuevas y mejores ideas.

mis hombros, entonces lograba conseguir un sentimiento de felicidad y me decía: "Me siento libre" o "No debo preocuparme por nada". Y me di cuenta de que entonces los pensamientos empezaban a fluir de un modo tranquilo y silencioso.

Mi explicación acerca de este tipo de experiencia es que en los momentos en que camino[18] de un modo libre y sin tensiones ni preocupación por llegar a la "meta", estoy viviendo *en el presente*. Yeso es lo que alimenta mi energía creativa. También es preciso saber que, a lo largo del día, por más ocupada que una persona se halle, pueden ocurrirle este tipo de experiencias, aunque en menor escala. Siempre estamos haciendo algo: conversando, leyendo, escuchando la radio, programando lo que realizaremos al día siguiente. La mente se mantiene consecutivamente ocupada durante todo el día en cientos de cosas poco importantes y externas a uno mismo.

Ésta es una de las razones más poderosas por las que las personas sienten temor a hallarse solas. Durante esos minutos de vacío mental desagradable empiezan a surgir los pensamientos. Y estos pensamientos, al principio, no parece que tengan ningún sentido, porque lo primero que formulan es lo inútil y vacía que resulta la vida cuando no hay nada que decir, leer o escuchar.[19] Esto sólo pasa al principio de

---

18 Resulta muy difícil ser despreocupados cuando se tienen muchas ansiedades. Sin embargo, cuanto más se experimentan, más necesario es sentirse libre durante un tiempo para que surjan nuevas ideas sobre cómo superar esos miedos.

19 Tal como Blake me enseñó, la mayor parte de lo que narramos es pura memoria, no imaginación creativa. En una conversación se dice algo hecho, pensado o dicho ayer. Se trata de cosas vividas en el pasado, no en el presente. Pero cuando hablar resulta realmente interesante es cuando vivimos en el presente. Entonces se acusan cambios en los interlocutores; uno dice al otro algo que necesita o espera escuchar, o que quizá le asuste. Es decir, causa un efecto en él. Esta es una de las razones por las que pienso que dos
personas casadas que se aburren cuando conversan se acaban peleando. Cuando hieren sus sentimientos o existe el temor de la separación, etc., entonces se sienten realmente conmovidos, cambiados. Viven creativamente en *el presente*. Por fin, su conversación les resulta interesante. Experimentan la agradable sensación de sentirse escuchados no por educación, sino sintiendo en sus almas corrientes eléctricas y cambios químicos. Por eso, leer algo en lo que sólo se ha involucrado la memoria -para pasar el tiempo o acumular hechos- no es bueno.

este proceso. Es el momento en que la imaginación nos lleva a ver de qué forma puede mejorar nuestra vida.

Si se permanece en el intento, si se soporta seguir en soledad cada vez durante más tiempo, deambulando sin prisa varios kilómetros y viviendo en el presente, entonces todos recibirán su recompensa en forma de buenas ideas, argumentos para novelas, decisiones, revelaciones, anhelos que aparecerán en cada uno. Puedo manifestarlo con absoluta seguridad.

En aquellos días en que salir a caminar era un mero ejercicio, las ideas no surgían sino al final. "Es sólo durante las caminatas largas cuando aparecen en algún momento ideas nuevas"; esto lo encontré escrito en mi diario. Ahora entiendo el porqué. Me hallaba cerca de casa y ya no caminaba de una forma tan mecánica como al inicio del paseo. En una ocasión sentí que me abandonaba, me sentía libre y despreocupada. De golpe, estaba en el presente y no en mi ruta habitual.[20] Descubrí de este modo lo perfecto que puede llegar a ser un atardecer de invierno, la oscuridad de los árboles bajo la fosforescente luz de la luna, cómo las estrellas tienen diferentes colores y cómo el egocentrismo nos llena de temor y de un falso sentimiento de auto conservación.

También entendí que en esta forma de vivir se escondía una suerte de inspiración divina. Dicho de otro modo, las ideas comenzaron a fluir y, con ellas, los sentimientos poéticos.

¿Cómo se hicieron presentes estos pensamientos creativos? De una forma lenta, como una pequeña bomba de revelaciones que estalla en el interior. Descubrí que hasta ese momento había paseado sin sentir esta serie de estallidos internos en medio de mi silencio. Cuando fui consciente de todo esto, sentí algo parecido a la felicidad.

---

20 ¡La locura de todo este vivir de cara al futuro!, como trabajar en algo aburrido durante toda vuestra vida con el objetivo de jubilarnos cargados de dinero a los ochenta años.

Puede que alguien haya experimentado estas sensaciones mientras se encontraba haciendo cualquier otro tipo de actividades, como coser, jugar al golf, fregar platos o pintar una valla.

Tocar el piano puede ser una práctica estupenda en este sentido, pero al hacerlo no debemos "tocar nanas para nosotros mismos", como dice un pianista ruso que conozco, sino interpretar las piezas de siempre del modo habitual, para que el tiempo transcurra de forma agradable, como si nos comiésemos un dulce. No aconsejo tocar el piano a aquellos que consideran que es una tarea aburrida y pesada (la gente suele relacionar "el trabajo" con "lo pesado y aburrido", y espero poder mostrar la diferencia). Se trata de que, gracias a esta actividad, se llegue a pensar, sentir, escuchar y entender más y mejor.

Sugiero que trabajéis sobre una sonata de Mozart. Sólo los sonidos hermosos consiguen, de golpe, transformar los objetos más ordinarios de nuestra vida cotidiana, como los muebles o la lluvia, y lo cubren todo de una tenue luz que parece acariciarlos. Se siente un placer asombroso con el movimiento armónico de las manos y los hombros: es el ritmo, que estimula una danza interior. Debe permanecerse en la más imperiosa soledad, pues son éstas nuestras horas de aislamiento de la vida diaria, tan plagada de ruidos y nervios que impiden a la imaginación que vive en el interior de todos los seres humanos la posibilidad de acumular la suficiente fuerza o luz.

A continuación, quiero analizar la diferencia entre trabajar y aburrirse trabajando.[21] Algunas veces, cuando salgo a caminar, aprendo un soneto de Shakespeare mientras paseo. He descubierto que si uno repite una y otra vez la misma

---

21 Estas dos palabras suelen interpretarse mal. Por ello, desafortunadamente, el vocablo "trabajo" es un depresor para la gente que desborda vitalidad y que normalmente posee diez veces la energía necesaria para realizar una tarea rutinaria. Estas personas seguro que querrían trabajar si entendiesen el sentido del término correctamente.

frase, como hacen los niños, memorizando casi de forma mecánica, después de un tiempo el cerebro sabrá cómo hacerlo automáticamente.

Todos los trabajos automáticos demandan un largo tiempo de aprendizaje. Para que el proceso sea más fácil,[22] suelo hacer lo siguiente: pronuncio una línea lenta, muy lentamente, e imagino cada palabra, tanto su significante, la forma impresa, como su significado, el objeto que designa. Si la palabra es "viento", llego a notar el viento. y, siempre en mi imaginación, me maravillo por la asombrosa economía de la gramática usada por Shakespeare.

Durante estos instantes de contemplación, de imaginación, que duran la fracción de un segundo, cuando mi mente parece abrirse, es cuando camino menos, y a menor velocidad. Cuanto más observo todo lo que me rodea (pensando de modo creativo para que la intuición de la realidad se expanda), más lentamente camino y, a menudo, me detengo por un momento; ese momento creativo permanecerá en mí para siempre.

Trato, a través de esta experiencia, transmitiros que el poder creativo no requiere tensión ni esfuerzo, sino todo lo contrario. Aquello que atemoriza es justamente lo que causa alteraciones nerviosas.

No hay que preocuparse por el trabajo que nos resulta pesado; por ahora, basta con comenzar a entender algunas ideas básicas explicadas en este capítulo. Puede suceder que esta comprensión se torne difícil. A veces, la primera idea no se comprende fácilmente, pero cuando llegan las ideas siguientes, entonces se puede comprender ese primer concepto que hasta aquel momento era casi inaccesible.

Hay gente dotada para la escritura que redacta un texto breve. Vuelve sobre él una y otra vez con el objetivo de

---

[22] Y creativo, es decir, que comprendo y siento la poesía y lo que el poeta intenta transmitir, de modo que lo hago mío y afecta a mi vida a partir de entonces.

conseguir el resultado más cercano a la perfección; pulen su trabajo como si de una joya se tratara. A pesar de su esfuerzo, estas personas serán capaces de crear una perla sólo una vez al año, o quizá cada cinco años. Y esto se debe a la obsesión por la perfección, al tremendo esfuerzo realizado y al temor intrínseco a este proceso de obtener una perla con algún defecto.[23]

Pues bien: considero que esto es una pérdida de tiempo. En el interior de todos los seres humanos existe una fuente de vida inagotable capaz de generar poesía, literatura e imaginación. Pero algunos no dejan que éstas broten porque están demasiado preocupados por pulir la joya.

Aquí está la clave: si cada uno se permitiera dejar fluir nuevos textos libremente y con generosidad, sin prestar mucha atención a la perfección, entonces sabría sin duda alguna cómo unir las perlas para obtener buenos resultados en dos segundos, sin tanto despilfarro de energía. He tratado de demostrar que el trabajo creativo no requiere demasiado esfuerzo, sino que es una hermosa experiencia; que el poder creativo se halla en todos si se le dedica un poquito de nuestro tiempo cada día; y que si realmente creemos en él, podremos ver cómo cobra vida en nuestro interior, siempre que no lo acallemos con nuestras prisas y con nuestras culpas (precisamente en los momentos en que quizá deberíamos sentirnos felices y despreocupados). O puede pasar también que no logremos mantener vivo este poder creador, a fuerza de estar negándolo todo el tiempo, lo que sería el peor de los engaños.

---

23 Se trata de una revisión no justificable como la que realizamos cuando perfeccionamos el relato una y otra vez para acercarnos más a la verdad *de una forma no espontánea*

Capítulo VI

*Es bueno saber que en el interior
de cada uno existe oculto
un poeta dormido, siempre
joven y lleno de vida*
Alfred de Musset

He tenido que ser mi propia guía a la hora de desarrollar mi trabajo. Tal vez nadie llegue a hacerse una idea de lo poco atractivo y de lo costoso que es llegar a ser escritora. Para poder dedicarme a ello he tenido que ir adelante de cualquier manera y vivir con poco dinero. Después de tres horas de trabajo he llegado a sentirme exhausta hasta la médula.[24] No podía trabajar durante las tardes o hasta el anochecer porque era consciente de que no conseguía unos resultados tan buenos como los esperados. Me invadían el temor y el orgullo a la misma vez. Fueron mis alumnos, durante mis clases, quienes me manifestaron que estaba trabajando de un modo equivocado.

Gracias a estos inexpertos principiantes, de golpe tuve el maravilloso regalo de una revelación. Pude aprender de ellos que la inspiración no llega como un frenesí, no es una explosión de ideas y sentimientos, sino que aparece de un modo lento y silencioso y siempre que dispongamos de tiempo para que pueda fluir de una forma tranquila y sin presiones. Aprendí, también, que para escribir no hay que sentirse como Lord Byron, en la cima de una montaña, sino como un niño que juega a hacer una fila de canicas en el kindergarten, feliz y absorto, colocando una bola delante de la otra, en silencio.

En una ocasión posé para un grupo de niñas de doce años

---

[24] Excepto cuando se trata de acabar un relato o artículo, en los que podría trabajar durante todo el día porque la mayor parte del trabajo se basaba en copiar. Pero trabajar una hora o dos en el primer borrador o la primera idea, es un proceso que me deja agotada. ¡Cuántos vacíos mentales! ¡Qué aburrimiento! Entonces llamo por teléfono o intento buscar otra evasión.

que estaban aprendiendo a pintar al óleo. Les dije que me sentaría ante ellas durante tres días completos, hasta que los retratos estuvieran listos. Ninguna de estas niñas había pintado antes al óleo. Me senté en una silla, con la espalda pegada a la pared de la sala. La luz se filtraba a través de varias ventanas y caía sobre mí. El grupo de estas cuatro niñas y de tres adultos se pusieron delante de mí y observaban con gran atención tanto a mi persona como a sus telas. Yo no tenía otra cosa que hacer, durante esas largas horas, más que mirar su trabajo.

Una habitación con siete personas siempre sobrelleva algo de ruido y conversación en voz alta. Si entre esas siete personas se hallan cuatro niñas, el ruido puede convertirse en caos, y las niñas, como todos sabemos, no tienen la capacidad de conservar la atención en el mismo objeto durante mucho tiempo, sobre todo cuando la tarea que realizan requiere mucha concentración y un intenso esfuerzo mental. Y cada uno sabe muy bien lo difícil que es ponerse a dibujar algo si no se está acostumbrado a hacerlo. Pensemos, por ejemplo, en la dificultad de expresar la tercera dimensión sobre papel o de dibujar una nariz vista de frente. Ambos casos pueden convertirse en un genuino problema. Si además hay que pintar sobre tela al óleo por primera vez, puedo afirmar que entonces la tarea resulta tan compleja como despejar montones de nieve con guantes de boxeo. Pues bien: eso es lo que las niñas estaban intentando hacer. Mientras pintaban, reinaba un profundo silencio en la estancia. Podía escucharse, inclusive, la respiración de las pequeñas artistas. Aquellos ojos encendidos me miraban una y otra vez. Tal vez después de veinte minutos aproximadamente escuché alguna queja o exclamación de desespero: "¡Oh, Brenda, te estoy dibujando horrible!"

Después de largas horas de inmovilidad para mí y de concentración para ellas, recordaban que yo era una persona y me dejaban reposar unos minutos, pero sólo con protestas porque luego se les hacía difícil volver a su tarea. Era digno de ver, cuando llegaba el instante del descanso, el espíritu de profunda religiosidad, el bendito silencio y la contemplación se suplían por gritos, interrupciones, saltos y la confusión propia de una habitación con niñas. Hasta los perros que habían estado durmiendo pacíficamente empezaron a mover el rabo, ladrando y jugando unos con otros.

Ahora bien, estas niñas trabajaron durante cinco o seis horas de una vez (así es como uno debe trabajar en su escritura) durante dos días y medio, dominadas por el claro poder que en su momento había invadido a Miguel Ángel o a Blake. Sus pinturas fueron muy originales.[25] Ninguna se parecía a la otra, porque el impulso creativo trabajaba inocentemente, sin egoísmo, ni para agradar a nadie; exactamente al revés de lo que hace un instructor que se dedica a arrojar preguntas del tipo: ¿se trata de arte?, ¿tiene equilibrio?, ¿está bien diseñado?, etcétera. El poder creativo trabaja con inocencia; así cada niña, sencillamente, trataba de mostrar en su pintura lo que veía y lo que sentía.

Os he explicado esta anécdota porque creo que éste es el modo en que os deberíais sentir cuando escribáis -felices y libres-, con la maravillosa absorción que siente el niño cuando juega con sus amigos, seguro y confiado. Ya que sois seres humanos, todo lo que tenéis que hacer es sacar de verdad cuanto hay en vuestro interior que os interese. ¿Será vendible? No lo sé. Pero no penséis en esto, por el momento. Vuelvo a insistir sobre ello porque quiero enseñaros que el impulso creativo es un acto tranquilo. Lo veis, lo sentís, casi lo podéis oír y todo pasa "ahora", *en el presente*. ¿Veis cómo

---

25 Los colores eran muy bonitos. Un pintor de retratos tendría que sentir envidia del genio que induce a un niño a pintar el suelo de azul turquesa en vez de en los tonos grises o marrones que le son propios. Cada retrato era completamente diferente. Pero todos eran retratos míos, que reflejaban mi personalidad (infinitamente más que una fotografía) y al mismo tiempo cada uno era un retrato de la niña que lo pintó y de "su" personalidad. Así sucede siempre en la escritura y la pintura: se plasma lo que eres.

esas niñas que pintaban mi retrato estaban viviendo en el presente? Es cuando vives realmente en el presente cuando sientes con el espíritu y con la imaginación.

Ya he dicho antes que conozco a tres personas asombrosamente creativas, que parecen vivir en el presente cuando *crean*. En esos momentos, resultan verdaderamente magnéticas, fascinantes e inclusive proféticas. Francesca es una de ellas; una pequeña sueca mística que tenía visiones, como Blake es otra, y Carl Sandburg es la tercera. Francesca, por ejemplo, siempre parece estar viviendo en el "presente": ¡Ahora!,[26] ¡ahora! Nunca la verás chismorrear, explicar larguísimas anécdotas o narrar historias interminables, pero no porque desapruebe todo esto, sino porque, para ella, la narrativa es sólo memoria,[27] un recuerdo del pasado en el que nada nuevo puede pasar.

Nunca habla mucho, sino que se sienta mirándote con amor, con los ojos brillantes, como si estuviera influida por una música que sólo ella lograra a oír, y te escucha y entiende perfectamente; la sabiduría parece descender en ella desde algún lugar, con dulzura. Entonces dice algo (sin avisar, de repente),[28] que al instante me parece extraordinario, verdadero e importante y que me llena con un sentimiento enérgicamente consolador y luminoso.

---

[26] Decíos a menudo a vosotros mismos: ¡Ahora! ¿Qué me está pasando ahora? Esto es "ahora". "¿Qué estoy pensando en este preciso momento?" Entonces, de repente, empezaréis a ver el mundo como nunca lo habíais visto antes, a oír la voz de la gente y no sólo lo que dicen, y experimentaréis la absoluta realidad de todas las cosas. Veréis la existencia como un todo coherente y no como algo construido con piezas que a veces no acaban de encajar bien.

[27] Desde luego, cuenta cosas que recuerda, pero estos recuerdos siempre logran arrojar algo más de luz en su presente momento creativo.

[28] Ella siempre intenta llegar a la verdad aunque no a través de explicaciones apologéticas, pruebas y frases exactas: esto es precisamente lo que quiero que hagáis al escribir. y, como a Francesca, no debe importaros si os van a creer o no, puesto que estáis explicando la verdad.

Si quieres escribir

Nunca le he oído hablar de memoria (es decir, repitiendo simplemente algo oído o pensado ayer),[29] sino siempre de manera creativa; jamás ha pronunciado una palabra superficial ni nada que no hubiera sentido en ese momento.

He visto a Carl Sandburg, el poeta, hacer esto. Habla con una hermosa y ensoñadora voz y la inspiración parece iluminar todos sus gestos y sus movimientos, como si la imaginación ingresara en él y saliera libremente en forma de música. Una vez, mientras manejaba por la carretera que rodea el lago cercano a casa, nos paramos a mirar la puesta de sol, en el cielo de diciembre. Él habló de "cielo metálico" y se quedó mirándolo un buen rato. Sentí cierto respeto: "Éste es realmente el modo de sentir de los poetas cuando están conmovidos". Pude observar lo que le sucedía mientras miraba el cielo -una experiencia especial, incandescente- o Yo, en cambio, lo estaba viviendo con total conciencia de mí misma, ávida por agradar y llena de pequeños remordimientos, aunque expresé: "¿No es maravilloso?" Carl Sandburg estaba viviendo en el presente una experiencia poética. Pero yo estaba pendiente de otros asuntos, preocupada por actuar con educación y llegar a casa a la hora de la cena.

Seguro que vosotros, y yo, y todo el mundo, ha vivido alguna experiencia como la que acabo de exponer, dicho de otro modo, ha vivido en el presente ante una puesta de sol. Hemos experimentado cosas parecidas a las de Carl Sandburg, Shakespeare o Dante. Saint Beuve dijo: "En la mayoría de los hombres hay un poeta que murió joven y un hombre que sobrevivió." Y De Musset dijo: "Sabed que a

---

29 Ella no actúa así conscientemente. No planifica el hecho de no repetir nunca las cosas (y Dios os perdone si lo hacéis). Es, sencillamente, uno de esas felices personas creativas que no pierden el tiempo acumulando datos y pruebas en su memoria. Se limita a aceptar lo que le brinda la imaginación y la deja actuar sin temor a que alguien haga comparaciones que sólo causan ansiedad en vez de liberación. No dudo del hecho de que ella se cuestione la verdad en su interior; es que no se siente obligada a demostrarlo ante la gente.

menudo en nosotros se esconde un poeta dormido, siempre joven y lleno de vida."

Todos sabéis que esto es así y, ya que todos sois poetas (en el peor de los casos, lleváis dentro un poeta muy dormido), sugiero vivir parte del tiempo en el presente, como lo hicieron los grandes artistas. Una expresión como "¡Qué tarde más bonita!" puede ser poesía pura; todo depende de si la sentimos verdaderamente y la decimos de veras.

En estos momentos en que escribo, dudo acerca de si conservar estos pasajes que se adelantan al objetivo del libro o no. Tal vez, tras leer las líneas precedentes, os pongáis serios e intelectuales y trataréis de establecer normas (cosa que nunca, nunca debéis hacer) diciéndoos: "Ten cuidado. ¿Lo estoy haciendo bien? ¿Lo que utilizo ahora es memoria o imaginación?"

El Cielo prohíbe que esto pase. Por supuesto que utilizamos la memoria siempre, y cuanto más clara y exuberante sea, mejor. Si escribís historias, está claro que usaréis vuestra memoria y pondréis todos los detalles pertinentes. Pero no olvidéis manteneros *recargados,* como los niños que siempre están pensando algo nuevo: eso es inspiración. Describo este mantenerse *recargado* como un "vivir en el presente" porque quizás os guste intentarlo: es decir, ser libres y estar abiertos a todas las cosas sin pretender nada ni irritarse.[30]

Como ejemplo, sirva el modo de vida de los mexicanos y de los indios del sudoeste americano. Ellos viven en el presente, haciendo lo que deben realizar con felicidad y con calma, sin ansiedad por el mañana. Se dice que un mexicano puede sentarse de cuclillas a fumar un cigarrillo y pasarse

---

30 Estoy completamente en contra de la ansiedad y la preocupación. Hay mucha gente que considera la preocupación como una especie de deber. Detrás de ello creo que se esconde un sentimiento subconsciente de que el destino o Dios son mezquinos y de que no les tememos lo suficiente. Según Él, si vivimos creativa mente y con tranquilidad en el presente, la belleza, la felicidad, la bondad, el talento, el vestido, el alimento se nos darán por añadidura. Desde luego, Él tiene razón.

Si quieres escribir

horas y horas en esta posición, sin esperar nada.

El hecho de la gran cantidad de artistas que hay en México puede hacernos recapacitar sobre este pequeño detalle. El mexicano menos talentoso no puede tocar ningún objeto sin transformarlo en algo encantador. Una vez leí en un artículo que algunos mexicanos habían construido más de doscientos baldes de latón a partir de restos de automóviles, de chatarra. Estas transformaciones se llevan a cabo cuando las personas viven en el presente, porque entonces se da un estado de admiración y toman su tiempo para acercarse a la belleza sin prisas.

Pero los habitantes de los países del norte nos movemos con la idea de que dentro de veinte años empezaremos a vivir, cuando los ahorros e intereses acumulados lo hagan posible. Vivir en el *ahora,* en el presente, sería ocioso. Siempre hemos calificado el ocio como algo egoísta e improductivo, en lugar de verlo como un tiempo creativo y enriquecedor. Tal vez sería atinado describir este estado que denominamos "vivir en el presente" de la siguiente forma: en el terreno musical, cuando en ocasiones tocamos el piano, hay una diferencia entre estar tocando una pieza (estar interpretándola) y estar "en" esa acción de tocar el piano.[31] Cuando alguien se halla en la primera situación descrita, prestará atención a los crescendos y a los cambios de signos. "Ahora hay que tocar más alto", puede leerse en la partitura, y entonces quien toca lo hará más alto. "Atención, aquí es *pianíssimo.*" Entonces, muy obedientes, tocarán *pianíssimo.*

Pero este ejercicio se realizará sólo con el intelecto. Únicamente cuando quien toca se encuentra "en situación", la gente que lo escuche percibirá la diferencia y se sentirá conmovida. Esto es así porque quien interpreta la pieza está emocionado, de modo que se ha producido un cambio

---

[31] Conozco a una gran pianista que habla con tristeza del terrible esfuerzo sin resultados de una alumna suya: "Siempre practica. pero nunca toca."

maravilloso y la música -Mozart, Bach o cualquier otro compositor- de repente se transforma en algo propio de la persona que toca, hasta tal punto que se siente su propio estilo, su voz y su oratoria. Y cuando toque se podrá percibir toda la nobleza, la violencia o la maravillosa dulzura de Beethoven, pues ha sabido hacerlo suyo. Me gustaría exponer otro ejemplo: hay gente que es graciosa por naturaleza. Cuando imitan a otra persona, ellos realmente caen en una especie de trance, de tal forma que *son* la persona que imitan. Si, por el contrario, estuvieran controlándose todo el tiempo (como a veces me sucedía a mí con la escritura), no podrían lograr esa transformación y parecería que cada gesto que fuesen a ejecutar estuviera previamente pensado: "Ahora vaya imitar a P. para que todo el mundo ría". Cuando la imitación no sale de dentro, resulta obligada y no le hace gracia a nadie.[32] Esta misma clase de identificación, de libertad, esta sensación de falta de control debería aparecer cuando se está escribiendo, porque ello haría que nos sintiéramos bien.

Puede ser que alguien descifre con mis palabras que debe dejar de escribir. Nada más lejos de ser verdad. Cuando se está escribiendo tal vez se alcance un grado de pensamiento más complicado que cuando uno se halla inmerso en la vida cotidiana, y este modo de abordar la realidad exige también mayor claridad. Se trata, sencillamente, de desterrar la autoconciencia, la ansiedad, el proceso de "intelectualización" (es decir: de fruncir el ceño tratando de acomodarnos a reglas prescritas por los demás)[33] para provocar una suerte de liberación personal.

Dean Inge afirma que el gran filósofo místico Plotino

---

32 La autoconciencia escrupulosa procede de una ansiedad que convencerá a la gente. El payaso que no posea confianza en sí mismo no logrará ser divertido porque temerá que su audiencia se aburra. El hombre verdaderamente divertido no se preocupa por su audiencia. Si no se ríen, por lo menos él se lo ha pasado bien y no le importa; y si la audiencia se ríe, se libera aún más (Inspiración) contando chistes absurdos y no premeditados.

33 Teniendo en cuenta miles de cosas que "no" se deben hacer

describió este "vivir en el presente" del siguiente modo: "En nuestros mejores momentos, cuando realmente "nos envolvemos" en nuestra tarea, dejamos de lado el pasado... En el momento en que alcanzamos este nivel, dudamos a menudo de que la experiencia sea real porque "los sentidos declaran que no han visto nada." He aquí que se presenta una clase de inconsciencia en los niveles más elevados del Alma, y sin embargo, no podemos dudar de ello, no cuando se alcanza este punto."

En otras palabras, es realmente cuando nos encontramos en el presente -desarrollando una tarea, perdidos, absortos en algo que nos interesa mucho- cuando estamos viviendo espiritualmente. Una vez más he llegado a esta afirmación: será bueno intentar esta experiencia a través de la escritura. Una última reflexión sobre este sentimiento que a veces nos domina (sentirnos estúpidos o insignificantes cuando no estamos haciendo algo). Cuando os sentéis a escribir, conviene dedicar un rato a pensar de manera vaga. Al comienzo, en los primeros minutos, no se producirá ningún pensamiento lógico, aunque lo intentéis. Sigue una suerte de parálisis, una convicción de nuestras limitaciones mentales, de inmediato, y es hasta posible que frente a esta realidad se elija abandonar y dedicarse a alguna tarea doméstica, como lavar los platos. En este caso puede pasar (y esto no lo sabremos aún) que mientras hacemos este trabajo aparezcan una serie de maravillosas, originales y fascinantes ideas.

Como no somos conscientes de la importancia de este hecho, porque estamos simplemente "pensando", no le damos excesiva importancia a todo este proceso y, por supuesto, no las volcamos en el papel. Pues bien: precisamente eso, volcar las ideas en un papel, es lo que espero que hagáis cada uno de vosotros de ahora en adelante. Es decir: siempre tenemos que estar dispuestos a expresar lo que queremos.

En esto consiste, en parte, la tragedia de la gente que consideramos de poco valor. Tal vez sean personas con una gran riqueza de pensamientos, pero nunca llegan a disuadirlos en el papel, en la tela o en un trabajo musical porque les falta confianza en sí mismos y tienen demasiado miedo al fracaso.

Por el contrario, la tragedia de los audaces, de la gente muy productiva, es que actúan permanentemente sin pensar apenas, hasta que llega un día en que se sienten vacíos y sin nada que decir.

Tenemos que actuar. El hombre insignificante no lo hace, pero no porque sea holgazán, sino porque de algún modo se siente atemorizado por la idea de la acción.[34] Lo que no sabe este individuo es que la acción sigue al pensamiento y incita un movimiento que se manifiesta con placer y de un modo sencillo. Aún se piensa que la acción conlleva esfuerzo, dificultad, desesperanza y, muy posiblemente, fracaso.[35]

Atendamos una vez más a lo que el gran artista Van Gogh, entre la pasión y la pobreza, alcanzó a expresar: "Hay dos tipos de ociosidad -escribió a su hermano-, entre ellas se produce un enorme contraste. Existe el hombre que es insignificante por su pereza, por su falta de carácter, por lo más profundo de su propia naturaleza. Tú sabrás si debes considerarme como parte de este grupo..." Entonces, hay también otro tipo de hombre ocioso que se halla en este estado a pesar de sí mismo; interiormente se consume por un gran deseo de actuar, pero no hace nada porque aparenta hallarse dentro de una jaula, ya que no tiene aquello que necesita para hacer algo productivo y la fatalidad de sus

---

34 Con gran vigor, los hombres activos podrían decir que actuar les hace "pensar" mejor. Sin embargo, si se tomaran más tiempo para la ociosidad y el pensamiento, quizá la Imaginación les mostrara que podrían llevar a cabo acciones más importantes que las que realizan.

35 Este pensamiento procede de los estoicos y toda la gente disciplinada del mundo. Con ello no quiero decir que no debamos hacer nada que nos desagrade o nos cueste. Cuando Colón descubrió América pasó por experiencias muy duras, pero le conducían el Amor y la Imaginación. Nunca lo hubiera logrado si sólo se hubiese movido por un sentimiento del deber. Éste le habría hecho permanecer en casa ganando dinero y cuidando a sus hijos del modo adecuado.

propias circunstancias lo llevan siempre a este punto. Este tipo de personas no sabe en algunos momentos lo que debe hacer, pero se da cuenta por instinto: sé que soy bueno para esto, mi vida tiene una razón de ser, después de todo, y sé muy bien que debería ser un hombre distinto. ¿Cómo podría llegar a ser útil?, ¿qué tipo de servicio podría prestar? Sé que hay algo en mi interior, pero no lo logro a reconocer.

"Éste es otro tipo de hombre inactivo, y debe ser considerado como un pájaro enjaulado. En primavera sabe bien que existe un objetivo; siente que hay algo que debe hacer, pero no puede llevarlo a cabo. ¿Qué es? No lo puede recordar. Posee una serie de ideas acerca de ello y se repite: "Los otros preparan sus nidos, dejan sus huevecillos y esperan a que nazcan los pequeños" y entonces se golpea la cabeza contra los barrotes de la jaula. Pero la jaula sigue cerrada y el pájaro enloquece de impotencia.

"Mira a ese animal desocupado -exclama otro pájaro que pasa por allí-o Parece estar viviendo con toda tranquilidad." Sí, el prisionero vive, su salud es buena, se muestra más o menos alegre cuando el sol brilla. Pero llega el instante de emigrar y sufre ataques de melancolía. "Pero si tiene todo lo que necesita", dice el niño que lo ha colocado en esa jaula. Mira al cielo y repentinamente se agita contra su destino. "Estoy enjaulado, estoy enjaulado, ¿quién afirma que no quiero nada? Tontos los que piensan que tengo todo aquello que preciso. Me falta lo más grande, lo más importante. ¡Oh, libertad, cómo te rememoro! ¡Sólo pido ser un pájaro como los demás!" "Existen ciertos hombres que se parecen a este pájaro..." Una justa o injusta reputación, la pobreza, circunstancias ineludibles, la adversidad convierten a los hombres en prisioneros. ¿Llega a saberse qué es lo que libera a cada uno de su sometimiento? Se trata de una larga y profunda afección. El sentimiento de amistad, el amor, la hermandad dejan abrir la prisión, por el enorme poder, por la fuerza mágica que desprenden.

"Cuando la simpatía se renueva, la vida se restituye. Y la prisión a veces se llama incomprensión, prejuicios, ignorancia de alguna cosa, falta de fe, vergüenza... Me sentiría muy feliz si pudieran reconocer en mi persona algo más que un ser humano ocioso."

Capítulo VII

¡Sé valiente!
¡Transfórmate en un león!
¡Transfórmate en un pirata!
Hazlo siempre cuando escribas ...

En este capítulo quiero relatar algunas vivencias de mis talleres de escritura en los que aprendí mucho. A pesar de que todo el mundo tiene talento y puede ser original, a menudo nadie lo descubre hasta que pasa bastante tiempo. Muchas personas, en ocasiones, sienten miedo o se controlan demasiado, o son muy orgullosas o demasiado tímidas a la hora de escribir. Se les ha llenado la cabeza con muchos datos relacionados con cómo construir un texto, la organización de un argumento, su unidad y coherencia.

Mi hermano menor escribió una redacción cuando tenía doce años y cada tres oraciones incluía la frase: "No se me ocurre nada". Ésta es una de las frases que más aparece en la mente de los escritores durante muchos años. Y eso pasa porque se nos ha enseñado que la escritura debe dar como resultado una serie de construcciones muy especiales cuando, en realidad, escribir es como ponerse a conversar, sólo que forjando las palabras en un papel.

Otro problema común en los escritores cuando empiezan a desarrollar su tarea es la ansiedad que muestran por ser eficientes e impresionar a los lectores. Escriben pretenciosamente y les resulta difícil no hacerlo así. Éste era mi mayor problema.

Durante muchos años me rompí la cabeza pensando por qué todo aquello que escribía parecía tan presuntuoso, altisonante, poco creíble y, en consecuencia, aburrido. Era terrible leer nuevamente aquellos escritos. Por supuesto, nunca pude vender ninguno de ellos.

Llegué a entender durante mis clases por qué me sucedía esto. Semana tras semana, usando divertidos estímulos, mis alumnos -aun aquellos cuyos trabajos parecían aburridos, llenos de lugares comunes y trillados-lograban romper las protecciones; entonces, los resultados lucían llenos de vitalidad y de verdaderos logros. Y pareció que ello sucedía de golpe, de la noche a la mañana. Pudieron dejar a un lado su preocupación por componer un tema o escribir sobre algo en concreto hasta alcanzar el grado de libertad y de confianza preciso para escribir desde lo que suelo llamar "una veracidad microscópica."

¿Cómo pasó este cambio? Creo saberlo; pienso que les ayudé a lograrlo. Y no lo hice a través de las críticas, como habría sido, por ejemplo, señalarles todas las mediocridades que brotaban de sus esfuerzos (de este modo sólo hubiera conseguido ponerlos nerviosos y tensos, y centrar su atención en tratar de evitarlas). Les ayudé tratando de hacerles sentirse más libres y más audaces: "¡Atrévete! ¡No te preocupes demasiado, sé atrevido! ¡Sé un león, sé un pirata! Escribe de cualquier forma, aunque te parezca desfasado."

Francesca me ayudó en la comprensión de este proceso. Cuando enseña a tocar el violín jamás le señala a un alumno que está tocando mal una nota.[36] ¿Por qué actúa de este modo?

De cierta manera, el alumno ya lo sabe. Todos tratan de alcanzar el mejor tono, de lograr cierto grado de perfección. Entonces, ¿por qué fijar la atención en tratar de evitar los errores? Esta preocupación tensa aún más a los alumnos y les hace rechazar las lecciones. Por otra parte, si están pensando demasiado en las notas que han sonado mal, pues se les ha avisado de ello, las tocarán una y otra vez con temor a volverse a equivocar. Para tocar una nota *verdaderamente,* como hace la persona más simple, la mente debe estar

---

[36] Francesca también me dijo que todo el mundo se siente atraído por la música y puede cantar. Algunos piensan que no serán capaces, pero esto les pasa porque no han aprendido a escuchar correctamente, otros creen que tampoco lo lograrán porque se ponen demasiado tensos.

totalmente concentrada en la nota verdadera y la Imaginación debe oírla tal como *deseamos* que sea tocada.

Muchas personas dotadas de cualidades para ser buenos autores tienen tanto miedo de escribir una historia que parezca pobre, que no pueden controlar los nervios hasta que han conseguido escribir una frase; cuando esto sucede, ya han pasado varios meses. Lo que conviene decir a esta clase de personas es lo siguiente: "Mira qué *mala* puede llegar a ser la historia que escribes. Observa qué aburrida es. Y ahora sigue adelante: puede convertirse en divertida y placentera. Te pagaré si logras escribir algo efectivamente aburrido desde el inicio hasta el final." Y por supuesto, nadie lo logra. Cualquiera puede tratar de escribir una historia con estas características; es una especie de desafío para descubrir que ninguna historia puede ser aburrida en su totalidad. En cierto modo, pasa lo mismo que con la gente que trata de mostrarse inocente, pero que no lo es: como no lo logra, al final acaba dándose por vencida. Ellos encontrarían lo natural que resulta ser bueno y no se esforzarían tanto en demostrarlo, ya que les hace hipócritas aunque de una forma simpática.

Cuando decidí explicarles a los alumnos más tímidos de la clase lo mal que podían llegar a escribir, tuvieron valor para probar con unas pocas oraciones. Les pasó lo mismo que le sucedería a cualquier ser humano: no se puede construir una frase sin contar algo -algo tierno, violento o agitado que habita en sus almas-, sin expresar algo bueno. Quiero puntualizar esto: hay que armarse de valor para escribir cada vez con mayor soltura.

Para demostraros que las personas pueden llegar a escribir cuando se sienten inspiradas, contaré algunas experiencias relacionadas con varios de mis alumnos. No hablaré, sin embargo, de aquellos a quienes la escritura resultaba un acto cómodo, sencillo, superficial, fluido, pues estos alumnos, gracias a su facilidad de palabra, llenaban el papel muy rápido porque lograban romper antes que nadie esa protección que oculta la verdad que todos llevamos dentro. Sara McShane (la llamaré así) es irlandesa y soltera; tal vez tenga treinta años. Se viste con simplicidad y, debido a su palidez, mejillas huesudas y ojos inclinados, podría pasar por china. Es tan tímida que no puede mirar a una persona directamente a los ojos. Cuando habla, no puede mantener su rostro triste y entonces sonríe ampliamente; su sonrisa está, al mismo tiempo, llena de humor y de vergüenza. Trabaja como oficinista durante nueve horas al día en la planta subterránea de un gran almacén.

Los primeros escritos que me mostró los había hecho en un cuaderno de notas muy grueso, de casi cuatro centímetros de espesor. Estaba completo y se titulaba *Cuatro días en el Glaáer Park,* por Sarah McShane, 1935.

La primera oración decía: "Es siempre algo fascinador ver pasar un tren de mercancías: la enorme y negra locomotora cuyos movimientos acompaña el horrible y huesudo brazo, las interminables hileras de vagones cargados hasta los topes de pilas de suministros, los pesados tanques de aceite y, por último, el furgón de cola. Todos, sin excepción, desde el más joven al más anciano, lo contemplarán impávidos, en actitud silenciosa y serena."

Tan pronto corno leí: "la enorme y negra locomotora cuyos movimientos acompaña el horrible y huesudo brazo" supe que ella era capaz de escribir. Podía ver y describir objetos.

Lograba crear con palabras lo que veía y sentía. No tenía el impulso (como muchos de nosotros, que hemos cursado estudios superiores) de describir sus sentimientos y luego pensar: "No, quedaría mejor de este modo: "La locomotora, cual corcel que cabalga por las praderas" o de manera menos rebuscada: "La locomotora con sus altas ruedas"."

Si quieres escribir

Lo que sentía, lo que la conmovía[37] "cuyos movimientos acompañaba el horrible y huesudo brazo", lo escribía sin más. Éste era sin duda un buen empiece. Le comenté lo visual que resultaba la descripción realizada en estas pocas líneas: "El flamante tren con aire acondicionado era en sí mismo una curiosidad. No más ceniza, ni humo, ni aire enrarecido; en su lugar, una atmósfera clara y limpia. El interior de los vagones se había pintado en un fino color verde, más propio de un baño o de un dormitorio. Se habían situado perchas plateadas en los armarios y pequeñas y luminosas lámparas para la noche, así como sencillos y elásticos asientos para los pasajeros. Todo un verdadero lujo de detalles."

A partir de este texto pude deducir (y se lo comenté) que estaba dotada de una mirada simple; percibía todo aquello con un placer sereno y lograba formular exactamente lo que veía. Y tenía un tranquilo entusiasmo. Le gustaban los colores bonitos: "verde delicado", "plateado", y su verosimilitud tan naif, su amor por las cosas, demostraba una vez más que la poesía y el poder creativo se hallaban en su interior. Asimismo, se presentaba como un ser humano simple y bueno, con capacidad para elegir palabras poéticas, sencillas y cortas como suelen hacer los poetas de Irlanda. Sarah era irlandesa y tenía una hermosa y suave voz. Esto, lo supe de inmediato, era una prueba más de que esta mujer podría escribir. En una enorme libreta anotaba todo lo que veía: a qué hora salían y llegaban los trenes, y a qué hora se detenían en las ciudades.

"Los paisajes familiares se iban quedando atrás mientras el tren galopaba de una ciudad a la otra. Humo y chimeneas; casas y árboles, llamativas y resplandecientes señales; majestuosos molinos de harina; y el río Mississippi. Todo

---

[37] Ella no "buscó" sorprenderse con esto; simplemente, sucedió así. Otra persona, seguramente, se sorprendería con otra cosa.

con una visión panorámica." En las afueras de Wayzata,[38] a orillas del lago Minnetonka, la fría neblina azulada se extiende hacia su borde izquierdo, para sacudirse en finas y blancas capitas redondeadas. Reflejándose en las aguas, luce el dorado sol, que forma una aureola de brillantes colores."

Me gusta muchísimo la descripción: "para sacudirse en finas y blancas capitas redondeadas". Me pareció todo exacto, porque ella lo contó como lo había sentido alguna vez, y de ese mismo modo me lo hizo sentir a mí también. "Reflejándose en las aguas, luce el dorado sol, que forma una aureola de brillantes colores." Me gusta también. Me encanta ahora, mientras lo escribo. Asimismo se refería a los hoteles en los que se había alojado.

"¿Cómo me las arreglaré para pasar aquí la noche?", pensé nada más cruzar el umbral de la puerta... La madera, que predominaba en la decoración, le daba a la habitación un aire enormemente frío, que recordaba la atmósfera de los días lluviosos. A Martha le gustó más que a mí. Enseguida se arrojó sobre el sillón de mimbre y se descalzó." A partir de esta breve oración pude ver y saber todo acerca de Martha.

"Aquella primera noche, la cena consistió en compota de frutas, sopa de pollo al aroma de quimbombó con tostadas de pan, solomillo asado, una taza pequeña en forma de campana con una bola de algún alimento desconocido, puré de patatas, guisantes con mantequilla, cebollas a la crema, apio, bollos y café, y de postre, helado de crema escocesa y pastel."

Sí, Sarah podía escribir porque era capaz de describirlo todo con sencillez, como era ella, sin presumirse.

"Después de estudiar el glaciar, pasamos algún tiempo observando las cabras que habitaban en los peñascos inclinados de las montañas. Sólo alcanzamos a reconocer

---

38 Esto me aclaró muchas cosas acerca de la personalidad de Sarah McShane. Trabajaba en un sótano y le gustaba ver Wayzata, una pequeña ciudad a catorce millas de su casa. Se sentía feliz y agradecida, y ello significaba que podía escribir. La señal de que poseéis poder creativo es el entusiasmo. Blake dijo: "El entusiasmo se encuentra en todas partes."

con nuestra vista unas pequeñas manchas moviéndose de un lado para otro. Una de las mujeres que iba en la expedición, la esposa del hombre más alto, llevaba unos binoculares y nos los prestó para que pudiéramos ver con más claridad. Después de haberlos usado, la mujer me preguntó: " ¿Llegó a ver las cabras?", "Sí", contesté de modo un tanto seco. "No pude verlas. No pude ver nada. Todo lo que alcancé a reconocer fueron las lentes borrosas y húmedas de los binoculares. Nunca he sido capaz de reconocer nada cuando miro a través de unos binoculares."

La clase empezó a reír cuando leí este párrafo. "Vea cómo también puede llegar a ser cómica", le comenté a Sarah McShane. "¿Se da cuenta de cómo se ríe todo el mundo? Usted escribe extraordinariamente bien y, además, tiene sentido del humor." Ella se sonrojó complacida.

Capítulo VIII

Por qué nadie debe sentirse
desilusionado o acobardado
frente al rechazo de sus escritos

Sarah McShane terminó con el relato del viaje durante el curso. Traté de que cada vez lograra un toque más personal y libre. Ella se comportaba como suelen hacerlo las personas amables y sencillas que conciertan el ego humano con el divino[39] piensan que no son importantes, por lo que evitan decir "yo", esconden esta palabra humildemente y la mantienen oculta. Escribirán largos informes de viajes, como "A pie por las Montañas Rocosas", y al hacerlo serán capaces de proporcionar estadísticas, altitudes, la lista de hoteles disponibles y una serie de datos que todo el mundo sabe o pueden buscar.

Pero para convertir todo este material en algo interesante y lleno de vida, debemos tornar la información en algo personal desde el "yo", es decir, desde lo que sé y lo que siento. Esto es lo más importante. Es la única verdad para el autor y nadie más la conoce salvo él. Quería que Sarah McShane se animara a escribir sobre sí misma, que hablara sobre ella y que se diera cuenta de que esto era también significativo para su trabajo con la escritura. Pero nunca se me ocurrió convertirme en una crítica docente que afirmara: "Debes prestar más atención en la inserción de detalles personales."

Si obraba de este modo, existía el peligro de que Sarah los encerrara de una sola vez y que resultaran acotaciones un tanto mecánicas del tipo: "¡Disfruté enormemente de la vista del Monte Grinel!"

No, no quería que pasara esto. En cambio, le mostré cuán interesante podía llegar a ser lo que había escrito y le mostré algunos fragmentos que señalaban su buen estilo.

---

39 Creo que sé cuál es la diferencia entre los dos. Trataré de explicárosla más adelante.

"Cuéntame más sobre este punto", dije. "Cuenta todo lo que piensas... Cuando charlas de un conductor de camión cuyas ropas estaban tan ajustadas al cuerpo como lo está la piel de un perro, creas un cuadro brillante. ¿Dijo él realmente esto? ¿Llama a la mujer "una leona de cabeza dorada"? ¡Qué extraordinario!... ¿Qué te parece que le causaba la existencia de estos sentimientos hacia su mujer?"

Muy pronto, después de estas preguntas, se ponía a escribir y completaba muchas páginas con una escritura lúcida, clara, vívida; describía a la gente que la rodeaba y los modos de vida de cada uno, su vida interior.

No me he referido a Sarah McShane porque me parezca más trascendental que los demás o porque mostrara en sus escritos rasgos de sofisticación literaria. Nada de eso: Sarah no había hecho cursos sobre Tennyson ni sobre Browing; tampoco había oído hablar a su familia sobre Dickens o Louise M. Alcott.

"¡Arnold Benedict o Benedict Arnold!", escribió en su diario. "¿Quién era? ¿Benedict Arnold no fue un traidor? Y el otro, el escritor del diario, ése es a quien estoy tratando de descubrir: ¿era Arnold Benedict?, ¿o era Arnold Bennett?"

Seguía relatando cómo podía Arnold Bennett escribir mil palabras en noventa minutos. "Me pregunto", afirmaba, "cuántas palabras sería capaz de escribir en una hora y media." Son las nueve y cuarto ahora y esto después de nueve horas de trabajo diario en un sótano. Se sentó y escribió cerca de setecientas palabras.

"Pero mis papeles cayeron al suelo y tuve que detenerme para recogerlos; mis zapatos me apretujaban y tuve que quitármelos, y tuve también que descansar y buscar la página 275 de *David Copperfield,* y pensé por un instante, una o dos veces, en sacar este fragmento de la obra: entonces puede que lo consiguiera, mil palabras en noventa minutos."

Lo importante es que ninguna frase de su diario es vacía o superficial. Cada palabra está llena de sentido y de gracia. Su

Si quieres escribir

diario es para mí tan interesante como el de Arnold Bennett y, por cierto, mucho más poético y conmovedor. Hago hincapié en esta mujer porque, de algún modo, llegó mucho más lejos que otros en lo que a la escritura se refiere. (Por supuesto, su escritura la condujo a leer buena literatura, como Dickens y otros autores, para poder aprender así de ellos. El único modo inteligente de entender las cosas que resultan interesantes es hacerlas nuestras, ya se trate de la escritura, del arte o de la aviación.) y si defino esto sobre Sarah McShane es porque, a pesar de que ella era la persona menos autocomplaciente del mundo y estaba dotada de una angelical disciplina, sentía pasión por escribir. Escribía sola. Buscaba ayuda y consejo y se costeaba un curso por correspondencia, que podía costarle cien dólares, y sobre el cual comentaba en su diario: "No era exactamente lo que buscaba.[40]" Consistía en un curso de escritura periodística; en este tipo de escritura, lo más significativo es lo acontecido. Los periodistas siempre citan las fuentes y los temas les vienen dados, cuando lo que yo quería era escribir algo escogiendo el asunto."

Cuento todo esto porque, de algún modo, nos demuestra que el deseo de escribir está presente en miles de personas que jamás han pensado en el dinero que podrían ganar con ello o en si crean o no ideales figuras literarias. Incluyo a continuación algunas páginas de su grueso cuaderno de notas.

• • •

Domingo, 6 de diciembre de 1936.

Esta mañana he ido al rezo de las ocho. Normalmente voy a las siete. El sacerdote Corrigan da su sermón y me encantan sus palabras: siempre se refiere a las pequeñas cosas de la

---

40 Siempre me pareció poco natural que la escritura de un periódico tuviera que ser tan vívida. A mi juicio, la mecánica fórmula periodística que fuerza a resumir una docena de hechos en la entradilla, y a repetir después en la columna lo que ya se ha dicho antes, es más aburrida, difícil e impenetrable que cualquier otro tipo de escritura. En la mayoría de diarios los titulares deben tener la fuerza suficiente como para hacer que los lectores lean también el cuerpo de la noticia. Esto no es culpa del tema tratado, pues todo cuanto sucede es interesante, sino de cómo se escribe.

vida. Es un gran hombre. A pesar de que posee cáncer de pulmón, su voz llega hasta los rincones más alejados del templo; no parece que le cueste esfuerzo hablar alto y claro. Su salud no es buena y tiene frecuentes dolores, pero no se queja nunca. Todos sus asistentes lo aprecian. ¿Qué haría la iglesia de San Marcos sin él? Algunas veces los temas a los que se refiere son las pequeñas faltas que hacemos cada día; a menudo, después de escucharle, me he sentido culpable por estos pecadillos que cometo durante el resto de la semana. Si me miraba durante su discurso, yo tenía la impresión de que podía darse cuenta de todos mis pecados. ¿Cómo sabía él que yo había hecho eso? A menudo quería que hubiera un agujero en el asiento para desaparecer. Al llegar a casa, mi madre estaba recostada en el sofá. "Tendrás que prepararte el desayuno", me dijo. "No me siento muy bien". Mi madre está envejeciendo y a menudo le pido que no me prepare el desayuno, que no se preocupe por mí: puedo disponérmelas yo sola. Pero ella no presta atención. El desayuno siempre está sobre la mesa, esperándome.

Mi madre sufre de fuertes dolores de cabeza. Le sucede a menudo y debe permanecer en cama, a veces un día entero. Cuando no sufre dolor de cabeza, tiene reuma. Pocas veces no sufre ningún tipo de dolor.

Después del desayuno, me disponía a lavar los platos cuando mi padre ingresó por la puerta del comedor. Puedo reconocer sencillamente el momento en que llega a casa. Su bastón golpea sobre el suelo. Mi padre está viejo. Su cabello luce blanco y su cara es cordial. Tiene la extraña idea de que la gente mayor debe ser gorda: se mide la cintura y si no alcanza ciento veintidós centímetros, se siente inquieto y come más. Piensa entonces que algo funciona mal.

Lavé los platos y luego los sequé. Me encanta limpiarlos. A veces pienso que si perdiera mi actual trabajo, me gustaría conseguir uno de frega platos. A mi padre también le encanta lavar los platos; de hecho, le gusta hacer todas las tareas del hogar. Sabe cocinar tan bien como una mujer. Sin embargo, nunca le vi preparar una tarta o un pastel. A veces hacía pan, y estaba bueno. Creo que pronto se dedicará a trabajos caseros y no hará ningún otro tipo de actividad. Después de terminar con los platos, decidí limpiar el suelo. Mi madre no pudo limpiar ayer. No se sentía bien y trató de hacerlo, pero limpió mal; seguro que si lo noté es porque el suelo estaba muy sucio. Eso habría dicho mi madre, y es cierto.

Justo cuando iba a buscar el estropajo y el cubo, alcancé a oír unos pasos en el comedor. Era mi madre. Se había levantado e iba y venía por la sala. Yo no quería que se diera cuenta de que iba a limpiar el suelo; no le habría gustado saber que dedico mi tiempo a estas tareas. Entonces bajé la escalera de puntillas y me fui hacia el sótano para buscar un cubo.

Los cubos escasean en casa: tenemos sólo dos. Hallé uno que estaba lleno de un agua verde; tal vez mi hermano estaba haciendo un nuevo experimento (siempre está haciendo experimentos). Dos veces traté de arrojar el agua del balde, pero no lo conseguí. Tampoco pude hallar el otro cubo. Sólo reconocí una antigua cacerola...

No lograba recordar qué clase de producto usaba mi madre para limpiar los suelos y puse un detergente de color amarillo en el interior de la cacerola, la llené con agua caliente y empecé a fregar. Mi madre apareció por la puerta del comedor y dijo: "Ni se te ocurra. Lo limpiaré después de comer." Esto es típico en ella. Nunca me deja hacer las tareas del hogar; piensa que ya hago suficiente con mi trabajo, durante todo el día. Si yo no trabajara y me quedara en casa, seguramente mi madre no tendría demasiados quehaceres, podría ayudarla y ella se dedicaría a las cosas que le gustan: coser, leer, hacer ganchillo, jugar a hacer solitarios y solucionar crucigramas. Alguna vez sugerí que buscáramos alguna persona para que nos ayudase con las tareas de la casa, pero ella nunca quiso.

De algún modo se sentiría herida si pensáramos que no

hace bien sus tareas. No sé qué pasaría si no vivieran mis padres. Ellos son lo más preciado que tengo. A veces, cuando me levanto y está la casa caliente, entiendo todo lo que esto significa para mí. Mi padre prende el fuego hacia las cinco y media, y alrededor de las seis y media todo parece abrigado y cálido.

• • •

Tal como puede notarse, escribe muy bien, de una manera lúcida y simple, sin palabras prolijas, y permite que conozcamos cómo viven su familia y ella con exactitud: cómo sienten, piensan y pasan sus días. Y a través de estas líneas, aunque nunca nos detalle cómo son ellos, podemos llegar a *conocerlos* hasta tal punto que quizá los reconoceríamos si nos los encontrásemos por la calle. Nos parece conocer también a su hermano, de quien sólo tenemos noticia a través del hecho de haber colmado el cubo con agua verde.

• • •

Muchas veces recorro las páginas de los periódicos donde publican importantes y bien educados escritores que ganan cientos de dólares con cada escrito. No hallo historias que sean mejores que las que ha escrito Sarah McShane o, al menos, tan buenas como las de ella o que nos lleven con tanto interés a través de sus páginas. He aquí un párrafo de Faith Baldwin, uno de los escritores mejor pagados del momento:

"El viejo Bradley se sentó en la cama y sacudió la cabeza frotándose los ojos empañados. Apoyó sus pies en el suelo, los puso dentro de sus zapatillas y se sentó a escuchar... Era temprano. Avisó a los jóvenes de que se quedaran quietos y entró en el lavabo antes de que los otros se le adelantaran. Se pasó la mano por la barba de escasos días. Podía afeitarse en ese instante, bajar la escalera y poner en marcha todo para Winnie. La decisión era importante. De costumbre, y como una regla, esperaba para afeitarse hasta que los chicos se hubieran ido a la escuela y sus padres, a trabajar. Para él, afeitarse antes del desayuno podría considerarse un atrevimiento. Y sin embargo, en su hogar siempre había sido así. Luego se sentía un hombre completo, recatado, que bajaba la escalera con el rostro limpio y suave. En ese estado parecía disfrutar mucho más del desayuno."

Este párrafo no es tan bueno como los escritos por Sarah McShane. El escritor precisa una enorme cantidad de palabras para contarnos mucho menos; es decir, no alcanzamos a ver ni a conocer al viejo Bradley tan bien como, por ejemplo, al padre de Sarah a través de su narración. Y cuando el escritor de este texto me dice que "la decisión era importante" comencé a pensar: "No, no le creo. Esta decisión no era importante, lo que estoy leyendo es imposible y él escribe esto para persuadirme o dar más altisonancia a su descripción."

Si cada uno trata de coger una revista y buscar las columnas de relatos de ficción, podrá reconocer fácilmente que no son ni tan buenas ni tan vívidas y que no permanecen en la memoria como las de Sarah McShane.

Abro *De ratas y hombres* porque no responde a la popular categoría de ficción, sino a la de "realismo severo" y arte "verdadero", como la denominan los que reseñan libros. La escritura de estos textos es diferente a la del de Sarah McShane, pero no es mejor, más convincente ni más vívida. Tiene más vocabulario, eso sí, pero de hecho no despierta en mí la más mínima compasión hacia sus personajes. Sin embargo, sí lo logra Sarah en las narraciones sobre su familia.[41]

En la actualidad me doy cuenta de que no es correcto comparar la ficción con un diario, es decir, con lo que es verdadero. Resulta mucho más difícil escribir hechos ficticios como si fuesen verdaderos. Por lo tanto, volveré a

---

41 A lo mejor se trata de prejuicios, pero soy una gran admiradora de la gente a la que intento ayudar

los artículos que aparecen en revistas corrientes, donde la gente escribe sobre los sucesos que pasan, sobre la verdad, sobre lo que piensan y cómo los han vivido.

He aquí uno de *Pictorial Review:*

"Nosotras, madres de hoy en día, con niñas que entran en la juventud, no necesitamos que nos digan que nos enfrentamos a un mundo difícil; cada una de nosotras se da cuenta, en lo más profundo de su corazón, de que precisa toda la ayuda y comprensión para poder acercarse y ayudar de verdad a sus hijos. Habitualmente no se reconoce la realidad de este cambio. Hemos asistido a una fuerte ruptura tanto en la manera de pensar como en las conductas, entre nuestra época y la actual, y esta diferencia no se da sólo en lo superficial, sino en aspectos más profundos."

No es tan interesante como el de Sarah McShane. Es largo y se usan palabras complicadas que no resultan en absoluto poéticas. Es difícil de leer y requiere del lector una dosis de concentración. Y cuando el pensamiento ha asimilado todo esto, a través de la absorción de las relaciones gramaticales y semánticas que se establecen entre los términos "humanidad", "generación", "superficialidad" y "profundidad", uno se da cuenta de que está comunicando algo que ya sabemos todos. No hay ninguna novedad en ello, y en el fondo, casi podríamos aseverar que tampoco es verdad.

Volviendo a la primera oración, "Nosotras, madres de hoy en día, con niñas que entran en la juventud, no necesitamos que nos digan que nos enfrentamos a un mundo difícil."

Bien, ¿por qué relatar todo esto? ¿Por qué adueñarse del tiempo del lector con estas extensas y opacas líneas? Sarah McShane no daría tantas vueltas para explicar algo, iría derechamente al grano. "Muchas madres se enfrentan a un problema", lo que sería mucho más fácil de leer y también más interesante, además de mejor escrito.[42]

---

42   No quiero decir que "yo" pienso esto, sino que también lo piensan Carlyle, Ibsen, Henry James, George Bernard Shaw, Dostoievski y muchos otros.

Si quieres escribir

A continuación incluyo un artículo sobre la vida hogareña, al estilo de Sarah. Apareció en *MeCall's* y su autora es la señora Roosevelt, quien escribe, al principio de su artículo, "Mi hogar":

"Es natural que al pensar en mi hogar, piense primeramente en la Casa Blanca. Recuerdo bien que, al verla, cuando la señora Hoover me la mostró, me sentí tan sorprendida, que grabé en mi mente la cantidad de cuartos, su distribución y de qué manera se podía organizar a la gente que iba a encargarse de su mantenimiento. Pero mientras pensaba en que el menaje debería ser cambiado, puesto que gran parte de él pertenecía al presidente y a la señora Hoover, los detalles de los muebles me impresionaron difícilmente."

"Cuando entramos, el día de la inauguración, me dirigí al segundo piso con la certeza de que allí sería donde íbamos a vivir en el futuro. Debo manifestar que me sentí un poco deprimida por la sensación de vacío que puede dar una casa carente de todo tipo de objetos personales."

Sarah McShane escribe mejor que la señora Roosevelt. Hoy por hoy, no creo tan equivocado que las revistas publiquen lo que suelen publicar, y no los artículos de Sarah: hay miles de razones para justificarlo. Tampoco importa demasiado si la escritura de Sarah McShane es mejor que la de la señora Roosevelt, pues la señora Roosevelt será sin duda la primera en ponerse contenta por ello. Y todos estos escritores de revistas que he citado con cierto tono divertido y que tienen tantas cosas que meditar y sobre las que dejar sus huellas, no podrán descubrir nunca su verdadero yo y escribir desde ese lugar como lo hizo alguna vez Sarah McShane.

Deben de pensar: "¿Es esto lo que le interesa publicar el editor? ¿Es esto lo suficientemente prudente? ¿Suena del modo en que un artículo para revistas debe sonar? Os explico todo esto porque quiero demostrar que millones de personas, con y sin educación, piensan y sienten cosas que, a veces, no saben expresar de manera oral, pero que cuando las plasman por escrito parecen hermosas; esto es lo que ocurre con los verdaderos poetas y los hombres y mujeres de valor.

Quiero comunicároslo. De esta forma no os sentiréis desanimados por el rechazo de vuestros escritos ni mucho menos aniquilados ante la comparación por escritores exitosos, y trabajaréis siguiendo vuestro propio camino, como lo hizo alguna vez Sarah McShane.

Si quieres escribir

Capítulo IX

Confusión entre ego divino
y ego humano

En nuestro estado había una mujer que vivía en el campo y se dedicaba a escribir, con mucho éxito, artículos para revistas y periódicos sobre el acontecer de la vida rural y de las ciudades pequeñas. Algunos alumnos de clase debatían su éxito y su talento, mientras otros, con gran admiración, se dedicaban a copiar en sus diarios todo lo que esta mujer escribía. A continuación os mostraré un pequeño resumen e iré intercalando, entre corchetes, los comentarios en los que explico por qué creo que no es tan bueno como parece.

"Todo se queda tan tranquilo después de que la trilladora desaparezca detrás de las vallas de la carretera, que el lugar resulta vacío y querrías que los campesinos volvieran con sus palabrotas, risas y pequeñas bullas. ¡Cuánta seriedad!; incluso los niños están serios, y ¡qué caras tan largas! Detrás del granero se percibe un reluciente montón de paja de apariencia extraña y alarmante [extraña, quizá, pero no alarmante]. Sin embargo, se trata del monumento a la labor de un marido, de repente te invade un profundo sentimiento de ternura [no me puedo imaginar que quiera decirnos que se sienta así sólo por el hecho de mirar un montón de paja]. Tal vez los hombres vestidos a la moda lleven chaquetas de colores claros con polainas y este tipo de ropa [trata de ser original], pero en esta parte del país seguro que también hay hombres bien vestidos que usan botas profusamente altas [tono amanerado, es decir, que no lo siente así pero quiere causar una buena impresión] adornadas con insignias de barro y de aves de corral y distintivos de espantapájaros [de nuevo trata de ser moderna], jerséis con mangas desgastadas, monos viejos y gorras rígidas por la acumulación de grasa y polvo" [este párrafo es bueno porque dice la verdad y así lo siente].

"Durante la estación de la recogida de maíz, a diferencia del inmortal silencio de Longfellow, el de la campesina se prolonga desde el amanecer hasta que comienza a despuntar el sol [aquí quiere resultar literario]: un espacio de tiempo impreciso [no creo que realmente pretenda decir "impreciso"] de diez o quince minutos que disfruta para sí misma. La cocina está caliente, el desayuno listo, los niños todavía no se han levantado y su marido aún no ha llegado del granero. Parece como si de repente no hubiera nada que hacer. ¿Puede ser real? [Desde luego que lo es, pasa cada mañana]. Éste es uno de los momentos más dulces del día: un instante en el que una puede sentarse frente a la ventana y contemplar el amanecer con sus colores de concha rosa satinada [esta imagen me gusta mucho]. Un momento increíblemente bello [sin embargo, ahora no me lo creo, el tono es afectado, no sentido; si lo sientes de verdad, me lo creería]

De este texto podemos concluir que todo lo que suena a falso y exagerado no es bueno y es aburrido. Por lo menos, ésta es mi opinión. Una de mis alumnas escribió el siguiente texto sobre la vida rural cuando se liberó lo suficiente como para transmitir lo que verdaderamente sentía y recordaba de ésta:

"Tal vez se trataba sólo de la alegría de sentirse cómoda y caliente, mientras afuera el viento sacudía las cosas. El viento me gustaba por sí mismo, y sólo escucharlo me daba sensación de paz. Me restregaba las manos una y otra vez cerca del sofá, con sus cojines rellenos con vainas de maíz, y olfateaba con satisfacción el ligero olor a humedad tan casero. Sentía en mis dedos un cierto cosquilleo cuando acariciaba los parches de las fundas del sillón, esas fundas hechas a base de pedazos de tela de trajes desechados, de colores marrones, grises y azul oscuro, recuerdos de las tranquilas tardes de invierno al calor de la estufa.

"El reloj marcaba la hora con un tictac balbuceante, como si se aguantara de pie de milagro. A veces, se oía el graznido de los patos, y el tren de carga de la tarde corría con su

Si quieres escribir

habitual ritmo inquieto."

"Miré los cuadros que estaban colgados en lo alto de la pared: un grabado del Arca de Noé con animales que aparecían en escena de dos en dos; el calendario anual de la General Mercantile Company, repleto de casas con nieve en los tejados y representadas con brillantes exteriores, y una fotografía de la abuela adornada con una guirnalda de flores de cera y enmarcada en nogal."

"Eso me recordó lo que Pauline me había dicho hacía unos días. Su madre le había prometido que cuando el abuelo muriese, yo podría ir al funeral. Después de todo, él no era mi abuelo. Me preguntaba si debería incluirme en ese acto familiar, aunque así lo esperaba. No es que quisiese que el abuelo se muriera, pues a pesar de su mal humor era cordial y nos daba caramelos de menta mientras nos relataba historias de sus días en Missouri, donde vivió de niño; es que los funerales eran muy bonitos. Pauline y yo estuvimos en uno, no hace mucho, en el vecindario. Había sido una tarde de amodorramiento y, a través de las ventanas de la casa, pudimos oír el sonido del órgano y el canto de un himno. El patio estaba lleno de caballos mientras llegaban familiares de todas partes. Olimos la fragancia de las flores despachadas desde "las ciudades" y miramos con mucho interés cómo gente tan mayor salía llorando. ¡Oh, mira a ése!, susurrábamos de vez en cuando como si se tratase de una especie de competición de tristeza."

"Ahora, a veces me hallo mirando al abuelo con un macabro interés, aunque algo avergonzada por mis pensamientos. ¿Le importaría mucho morir? Ya era viejo. No es que tuviera una idea clara acerca de la edad de las personas, pero me imaginaba que por lo menos debería de tener cincuenta años. Bueno, ya veríamos. Por ahora bastaba con estar allí, no pensar en nada y echarse una siesta antes de que se sirviera la comida en la gran mesa del centro de la habitación, cubierta por un gran mantel de hilo. Habría leche, café, salchichas, queso, mermelada y galletas. Además, hoy traerían pan fresco y mucha mantequilla."

"A lo mejor llovería, pues el cielo estaba comenzando a nublarse, pero no me importaba, pues para entonces ya habríamos ido gruñendo desde casa a la cocina de verano, con nuestras cabezas cubiertas con los chales, mientras otros pisarían las pozas y se caerían."

"El sonido del viento se hizo más agudo y miré por encima de mi hombro para ver qué pasaba. Sí, estaba soplando fuerte. Un gallo que parecía tonto, con sus plumas desordenadas, corría por el patio buscando la amparo del corral. La rama de uno de los árboles chocó contra el cristal de la ventana. La vieja cuerda se sacudía de un lado para otro como si estuviera nerviosa. Puñados de heno de las siegas procedentes de los cobertizos se esparcían por toda la hierba."

"Además del áspero sonido del viento, escuché un quejido que venía de la hilera de sauces situados cerca del jardín. Eso era lo que más me gustaba. Me estiré para escuchar, con los ojos cerrados, y me sentí adormilada, amenamente lejana. Las ventanas resonaban, pero oírlas también me gustaba. Todo resultaba familiar y seguro. No había tiempo o lugar más grato para dormir placenteramente, acunada por el viento y sabiendo que al final de la oscuridad me levantaría ante caras amigas y el sonido de voces cordiales y conocidas"[43]

• • •

Todos podéis considerar que este texto es muy bonito. Resulta imposible acortarlo. He tratado de eliminar alguna frase de aquí o de allá, pero me ha resultado imposible. Todas son demasiado buenas y precisas. Así es el arte, la literatura, la buena escritura o como queráis llamarlo.

Con ello no quiero decir: "Mira esto. Hazlo de este modo. Esto es bueno y esto es malo". En absoluto; sólo asevero que todas las personas tienen en su interior la capacidad de

---

43 Escrito por Elsa Krauch.

Si quieres escribir

escribir bien cuando enuncian libremente lo que es verdad para ellos. Si no os hubiera hablado así e hiciera como la mayoría de profesores y críticos que dicen: "Esto es realmente bueno, estudiadlo", y lo alabara hasta los cielos, seguramente intentaríais escribir del mismo modo y no os haría ningún bien. Por el contrario, os animo a que no intentéis copiar ningún modelo, sino a que escribáis desde vuestro yo más íntimo.[44]

La persona que escribió tan bien esta historia sobre la vida en una granja vivía sola, no tenía familia y había perdido su trabajo. Era una mujer de tez pálida, le faltaba confianza en sí misma y se hallaba asediada por un gran sentido de auto desprecio. Su mirada era fría y difícil y su voz, temblorosa y casi inaudible. Sin embargo, era guapa, vestía con estilo y tenía una generosa y amplia sonrisa.

La primera noche que asistió a clase dijo con timidez y en voz baja que a veces había pensado en ser columnista de un periódico, y me mostró sonrojada una o dos frases para que le diera mi opinión:

"Corrientemente, la vista desde mi ventana es triste y deprimente: contaminación, coches aparcados, vallas rotas, edificios bajos. Pero entonces, una mañana, la nieve lo envuelve todo con su manto..."

Le contesté que escribía muy bien y que no se lo decía para complacerla, pues esto mismo ya se lo había expresado a otras personas. Cuando quiero opinar sobre algo o alguien siempre digo la verdad.

Ahora, pasados dos años, ya ha escrito un excelente libro que ha tenido mucho éxito. Vive de su escritura, de hacer realizar traducciones y otros trabajos, y seguirá escribiendo, cada vez mejor y con mayor libertad. Estoy segura de que le espera una vida llena de alegría.

Para consumar, diré que, hasta el día de hoy, ha sido mi mejor alumna. En poco tiempo ha logrado conseguir un

---

44 Espero enseñaros cómo hacer esto (o, por lo menos, ayudaros).

elevado nivel de autoconfianza. Ahora se respeta a sí misma y acepta su inteligencia y su luz interior, sin importarle lo que pueda pasarle aquí, en la Tierra, o en la vida eterna. y ahora, quizá ha llegado el instante de explicaros qué pienso sobre la diferencia entre el ego humano y el ego divino.

Cuando aludo a la autoconfianza y la energía no me estoy refiriendo a la vanidad (ego humano). Esta última es muy diferente: consiste en caer en un estado estático en el que persistimos una vez realizado o imaginado un logro. Entonces nos dormimos en los laureles y vamos diciendo a todo el mundo (de diferentes formas): "Mirad, hemos logrado esto." Sin embargo, la autoconfianza jamás es permanente, sino que está en persistente lucha. Es modesta, agradecida y abierta a todo lo que es nuevo y mejor.[45] Por eso creo que la ostentación es tan desapacible; uno siempre llega a lamentarla: "¿Por qué sigo jactándome si ya está acabado? ¿Por qué me regocijo en ello? ¡Anda, haz algo nuevo y mejor!"

Sin embargo, nunca llegas a implorar el sentimiento de poder interno, es decir, el ego divino, que crece sin cesar.

Así que deberíais aprender a hacer esto: si escribís algo y todo el mundo os dice que es malo -editores, críticos, etcétera volvedlo a leer: a lo mejor descubrís que tienen razón (no significa que os debáis sentir humillados ni desanimados, sino que continuéis escribiendo).

Sin embargo, si todos os dicen que el texto es malo y seguís pensando, en vuestro interior, que es bueno, si todavía creéis que lo que escribisteis (es decir, lo que sentisteis) tenía una verdad para vosotros, entonces mantenedlo. Tal vez os pueda ayudar, en este sentido, el ejemplo de Beethoven, que era sordo; la gente decía de él que su música contenía desentonos porque no podía oír. Pero él sabía que creaba esos desentonos intencionadamente, y las defendió contra viento y marea, cosa que no le debió de resultar nada fácil.

---

45 Y así de sencillo debe ser antes de que se nos ocurra algo mejor.

Si quieres escribir

La mujer con confianza en sí misma que escribió la historia sobre la vida en una granja, cuya fama ha subido por las nubes, tuvo una ventaja: la de haber vivido una triste y solitaria vida[46] que le suministró mucho tiempo para pensar, poner a trabajar su imaginación y sentir la necesidad de expresarse a través de la escritura. Millones de personas, *todo* el mundo, tienen la misma luz interior, su propio poder creativo. Sólo hay que ir en su busca, respetarlo y darle alas.

---

46 Observad que los recuerdos de su infancia en la granja son tan dichosos gracias al afecto y cariño de quienes estaban a su alrededor.

Capítulo X

*Por qué las mujeres deberían descuidar
algo la casa para poder escribir*

He aquí lo que hace que escribamos bien: el hecho de darnos cuenta de nuestro talento para crecer con energía y en libertad. A mis alumnos les pido que cuenten algún recuerdo de su niñez y después que lo escriban en un papel con rapidez, inventando. Da buenos resultados porque de este modo se olvidan del acto de escribir "un relato" y no tratan de agradar al profesor. Su único esfuerzo residirá en contar con espontaneidad e impulsivamente lo que recuerdan.

Les pregunto por experiencias de su infancia[47] porque un niño experimenta las cosas desde su verdadero yo (creativo) y no desde su yo teórico (sumisa y obedientemente), es decir, el yo que cree que debería ser. Por eso los repasos de la niñez son los más vivos, intensos y verdaderos; como los de la niña del capítulo anterior que, sin crueldad, quería la muerte de su abuelo para poder divertirse en el funeral. Sin embargo, cuando un adulto[48] escribe sobre experiencias recientes, está incesablemente auto examinándose y dice: "Dios mío, ¿cómo he podido tener alguna vez un pensamiento tan miserable sobre tía Mari?" Entonces escribe: "Era una amable viejecita de mirada traviesa", palabras que no salen del verdadero yo y que, por lo tanto, no son legítimas.

Una madre de cuatro hijos, trabajadora y con pocos medios económicos, vino a clase porque quería aprender a escribir. Escribió a mano (supongo que por la noche, después de once horas de duros trabajos caseros) y en un papel de rayas azules una larga y malísima novela rosa. Pero no me dediqué

---

47 Esto es, *sienten* algo al escribir sobre su infancia si creen que puede ser interesante. Algunos prefieren otras vías de aprendizaje.

48 Hasta que aprenda mejor, a no ser que descubra su propia verdad y cómo escribir sobre ella.

a criticarla (y ejecutar un asesinato allí mismo, como tantos amigos, padres, profesores y editores hacen con placer y un sentido del deber bien cumplido),[49] sino que intenté hallar algunas frases buenas de entre otras horribles, se las comenté y le sugerí que escribiera algunos recuerdos de su niñez: "la única condición es que debes realizarlo sin prestar atención a lo que escribes, tal cual vengan a tu mente los recuerdos." Y esto es lo que logré. Tengo que resumirlo un poco.

• • •

Velozmente, Carolyn se sacó el pesado camisón de franela; tiritaba al ponerse la camiseta de manga larga y las medias de lana todavía húmedas de haber pasado la noche en el suelo...

Después de cepillarse ágilmente el pelo, una larga y desaliñada trenza hecha con los dedos rígidos, y de buscar su cinta para el pelo, que había desaparecido, sus dientes comenzaron a tiritar. Así que se recogió el cabello con la primera cosa que halló y se introdujo dentro de sus ajustadas enaguas rojas de franela, que la mantenían caliente; después, dentro del pesado vestido a cuadros, y bajó estrepitosamente por una escalera chirriante, con los pies desnudos para ponerse los zapatos cerca de la chimenea de la cocina.

Como siempre, Carolyn tenía prisa por llegar a la hora en que sonaran las campanas de la iglesia de Sto. Joseph. Mientras tanto, su madre ya había dispuesto el desayuno y le echaba una mirada para comprobar si lo llevaba todo puesto. Le faltaba un cordón del zapato.

-Caroline (su madre nunca decía "Carolyn"), ¿dónde está el cordón de tu zapato?

-En su cabeza otra vez, madre. -La contestación provenía

---

49 Además, yo había escrito así de mal hasta que manejé más vocabulario. Pero ella tenía mis defectos, como por ejemplo, tratar de contar una historia por capítulos en la que "los buenos ganan". Intenté demostrarle más tarde por qué esto no funciona. Cuando uno escribe, está reflejando su personalidad; así crece y predica menos. He aprendido que el mejor modo de conseguir que la gente dé algo de sí misma es no apretarles

de la meticulosa Elisabeth.

-Sube la escalera velozmente, jovencita, y coge tu cinta del pelo.

-Pero, madre, arriba hace mucho frío.

-Haz lo que te he dicho, y no olvides lavarte.

Mientras Carolyn rebuscaba entre la colcha la cinta de pelo, se dio cuenta de que en la cama yacía un pequeño montón de nieve que había ingresado por la grietas del alero. La quitó con la mano y quiso haber sacado su cinta bien doblada del interior del cajón, como siempre hacía Elisabeth. Ésta nunca tuvo que correr tras sus cosas en los días de frío...

Finalmente, halló la cinta atada fuertemente al pie de la cama. Desde luego, no era una vista agradable... Después se dirigió hacia la cubeta llena de agua congelada que seguramente la noche anterior había estado caliente. Debe de ser terrible congelarse de ese modo, pensó Carolyn. De nuevo bajó por la escalera, esta vez con calma. Cogió su gorro y su abrigo del colgador que se encontraba al final de la escalera, y salió silenciosamente por la puerta. ¿Llegaría a tiempo? Sí, su padre la esperaba junto a la puerta del corral. Entonces su sonido se oyó manifiestamente atravesando cinco millas de campo helado. ¡Dong, dong, dong! Ambos estiraron el cuello para oír.

-Esta mañana hemos debido de estar a unos treinta grados bajo cero, pues las campanas suenan muy fuerte.

-Padre, ¿se imagina que pudiéramos oír las campanas del trineo del primo Jeff cuando sube por el río?

-Habitualmente no las oímos desde tan lejos a no ser que estemos por lo menos a cuarenta bajo cero. Escucha.

-Son ellas, son ellas -aplaudió Carolyn con alegría-. y están en el río, padre, ¿las escucha?

-Debe de haber muchos trineos.

El sonido de las campanillas de los trineos se oía cada vez con mayor claridad. Estaban dirigidas por grandes campanas redondas que el primo Jeff tenía puestas en la parte delantera y trasera de su grupo. Cuatro en cada caballo. "Cling clong, cling, clong", sonaban con un tono armonioso. En las que colgaban de los cuellos de los caballos aún se escuchaban tonos más altos.

Iban sonando más fuerte a medida que salían del límite forestal para ingresarse en el extenso y congelado río por el que los granjeros arrastraban la madera obtenida de sus acres vírgenes, en dirección al mercado. El descenso de las cargas, una larga fila de pesados trineos y los gritos de los vendedores que mezclaban sus agudos chillidos con el tintinear de las campanillas, notificaban una mañana muy fría.

El padre de Carolyn vivía a medio camino, en un recodo del lago. Sus dos hijos, con sus respectivas cargas, se unirían a la interminable fila, ya que sólo se llegaba al mercado tras una larga caminata.

-Padre, cuando hace tanto frío como hoy, ¿no cree que los trineos suenan mejor?

Ella no estaba segura de que la pudiera entender. Los trineos que pasaban le causaron una extraña sensación. Hubiera querido inmovilizar todas sus melodías y guardárselas. Carolyn nunca había escuchado una sinfonía, pero así se la imaginaba al escuchar esos trineos durante los fríos días de invierno.

-Sí, hija mía, me encanta cómo suenan.

Carolyn se acercó a él y metió su pequeña manita de niña de diez años dentro del guante que resguardaba la del adulto. Es bueno tener a alguien que te entienda. ¡Cling, clang, cling, clang!, y el claro sonido de los trineos, como los tonos de un violín, estallaba continuamente en el aire vigoroso con toda su gloria, mientras se desplazaban por la ladera.

-Suenan mejor que las campanas de Sto. Joseph -dijo Carolyn-

Creo que así deberán de oírse en el Cielo.

-A lo mejor no te equivocas.

"¡Dong, dong!" Las campanas de la iglesia regían de

nuevo la sinfonía de los trineos.

-Ven, hija mía. Hemos permanecido aquí de pie durante una hora, te congelarás. Corre y disponte para ir al colegio. y no te olvides de abrigarte mucho porque las campanas indican cuarenta grados bajo cero.

• • •

Como podéis ver, escribe muy bien y tiene un oído excepcional para escuchar bellos sonidos; tanto, que seguramente también podría componer música si lo intentase. Asimismo, apreciaréis su gran emoción y claridad al hablarnos sobre las mañanas de invierno, de manera que nosotros también lo experimentamos y tenemos una idea exacta de cómo eran. El verdadero yo de otras personas, en cambio, es ser graciosas. Una alegre y gruesa mujer vino a clase. "¿Quieres escribir?", le pregunté. "La verdad es que nunca lo había tratado de hacer antes", contestó, insegura. "¡Bien! Escribe algo, algunas experiencias de hace años." Esto es lo que me trajo:

• • •

Una noche de invierno, la señora Baker se estaba congelando mientras aguardaba el tranvía en una oscura esquina. La única persona a la vista era otra mujer que también parecía esperar lo mismo, aunque ésta observaba a la señora Baker mucho más que a cualquier tranvía que se acercase. ¡Dios mío!, ¿por qué razón no se irá a casa esa mujer y dejará de observarme?, pensó impaciente la señora Baker. Desde que me asaltaron, el año pasado, no soporto que gente extraña se interese por lo que hago, y me amedrenta oír pasos rápidos detrás de mí.

La señora Baker se subió el cuello del abrigo. Era una noche fría en la que soplaba un viento tajante y caían pequeños copos de nieve que se deshacían al tocar el suelo. Estuvo un rato mirando los copos, olvidándose transitoriamente de la mujer. Pero de repente se acordó y se giró, chocando contra otra persona que estaba de pie, detrás de ella. Ojalá venga ese tranvía y la mujer se vaya. Ahora deben de ser las once y no puedo entender cómo esta esquina sigue estando tan desierta. Habitualmente, hay mucha gente paseando por la acera. Creo que me iré a la otra. Mi amiga o enemiga, no importa lo que sea, no se expondrá a seguirme.

La señora Baker caminó con paso ligero en vez de pasear con lentitud, y a mitad de camino, cuando se hallaba frente a un edificio vacío, oyó unos pasos rápidos que sonaban detrás de ella. Era la mujer, que la seguía. Decidió que si aquella mujer le iba a dar un tirón para robarle el bolso, no opondría resistencia. Esa noche no podría luchar ni contra un ratón. "Si por lo menos supiera cuáles son sus intenciones.... Lo que más me molesta es esta incertidumbre."

La señora Baker abrió su billetera justo lo suficiente para poder sacar el billete de tranvía y metió el mismo en su guante. "Por lo menos, que pueda subir si es que llega a pasar." Se acercó a un aparador e intentó interesarse por las joyas que estaban expuestas. Seguidamente, la mujer hizo lo mismo.

De repente, la señora Baker observó cómo se acercaba el tranvía. Fue tan bienvenido como si se tratara de un carro de oro procedente del cielo. Entonces se animó y se puso enfrente de la extraña. "¿Quiere algo de mí, señora?" Y ésta dijo: "¿Está esperando el tranvía de Rice Street?" Una voz interior insinuó a la señora Baker que no dijera hacia dónde se dirigía, por miedo a ser seguida. Pero como ya estaba cansada de tanto huir, dijo: "Sí, aquí viene", y salió precipitadamente a la calle mientras la desconocida ya le había puesto un brazo en el hombro para contenerla: "He intentado decírselo antes, pero usted rehuía de mí todo el tiempo", dijo la mujer. "Como puede ver, tengo dos billetes y quería darle uno."

• • •

Creo que este texto tiene gracia; aun ahora, que lo acabo

de transcribir, vuelvo a reírme. Recuerdo que no podría leer un solo párrafo de los relatos de la señora Baker sin que la clase terminara a carcajadas. Entre mis alumnos había mucha gente divertida, como una mujer casada, muy guapa, con unos ojos claros y adormilados.[50] Esta señora comenzaba sus historias del siguiente modo:

"Este maldito y viejo aspirador -decía la vieja Emma Judkins impacientemente, mientras lo frotaba sobre la alfombra del salón- aspira menos que el beso de un marido." o bien:

"Soy como la rosa de Sharon y los lirios del valle. El reverendo Ellison se sacó sus suelas de goma y acarició con sus manos el traje bordado presentado por la Ladies Sunshine Society de la Iglesia Evangélica." También escribió una historia titulada *El Club de los Cazadores de Asesinatos*.

A continuación os mostraré la primera página.

• • •

En el salón de té de los almacenes se estaban sirviendo las comidas. Limitadas por un grueso cordón de color morado, una multitud de mujeres, compradoras compulsivas, se movían, cambiaban sus paquetes de una saliente cadera a la otra, mientras trataban de aliviar sus aplastados pies de sus sandalias de goma, arrugados por detrás debido a la presión de unas amplias pantorrillas; sus ojos vidriosos se eternizaban fijos en un espacio en el que flotaban vistosas nubes de nata batida. El "Northwest Drag Hunt Club" celebraba sus almuerzos semanales por la tarde en el Salón de las Pirámides. Durante un día laboral, nadie que se encontraba en el comedor principal llegaba a tener una visión clara del Salón de las Pirámides; éste se hallaba entre unas columnas gemelas de cartón piedra decoradas con escritos egipcios que cercaban su amplia entrada. Los martes, el Salón se decoraba exclusivamente a base de altas pantallas y

---

50 Mucha gente graciosa parece que arrastre las palabras y que sea perezosa.

una cubierta que imitaba a las palmeras.

    Hasta ahora, la azafata del salón de té había admitido a los socios del club bajo la atenta mirada del proletariado interesado, que nunca podría formar parte del mismo: la señora Wheasy, cuyas tres hijas criaban caballos de caza para aumentar la reducida renta familiar; el señor Countryman, cazador mayor, que imitaba a los caballeros ingleses en su pequeño estado a cortos metros de la ciudad; la señora Hubbard, cuyo hábito de montar a caballo dos veces por semana delataba su origen sureño, a días de resaca adolescente en su colegio privado de Missouri; Roger Hike, líder de la caballería montada de los Boy Scouts; la señorita Olivia O'Hara, cuyo pasatiempo era la cría de schnauzers; el señor Archibald Feather, todavía soltero en virtud de su discreta preferencia por las esposas entregadas; la señorita Daphne Reno, capaz de alimentar a tres caballos cazadores con el dinero remitido por algún ex marido que vivía en el Este; el señor Henry Alway, que montaba a caballo con la insignificante intención de mantener su apostura; la señora Vera Clinkit, una secretaria particular que montaba porque creía que era "lo más inteligente que podía hacer", y para terminar, el coronel Boomer, presidente de la entidad, quien ingresó al recinto mientras las desordenadas palmeras crujían detrás de él como la hierba que queda tras ser pisada por un tigre. Mientras tomaba su caldo, el coronel Boomer[51] pudo ver que el frío no sería motivo suficiente para desanimar a aquel canalla, el detestable Archibald Feather. El tipo no era de su agrado desde que lo vio entrar en la pista con unos feos pantalones de equitación.

    Cuando Archibald se sentó en la silla, sus codos se cayeron de la mesa, sufrió una convulsión repentina y vaciló hacia delante hasta que su barbilla golpeó el mantel. Sólo se le podía ver la cabeza con los ojos cerrados, el mismo aspecto que debió de tener en su día la cabeza de Juan Bautista.

    "¿Qué ha pasado, señor?", se escuchaba vociferar,

---

51 ¡Qué nombres tan maravillosos!

Si quieres escribir

mientras tanto, al coronel desde su mesa...

• • •

Bueno, con este ejemplo podéis apreciar que esta chica es más divertida que nadie. Tiene dos niños, un marido, casi no ha escrito nada y no cree tener ninguna habilidad especial. Le dije que la tenía, pero sólo se lo creyó a medias. Como la mayoría de gente divertida y con talento, es muy encantadora y humilde como para trabajar por pura ambición o por la lejana esperanza de ganar dinero, y no se ha llegado a convencer (como yo ya he hecho) de que también hay otras razones para hacerlo; de que una persona como ella, incapaz de escribir una frase que no resulte deliciosa y divertida, le debe dedicar algún tiempo a la escritura en vez de estar siempre con el carrito de la compra, realizando experimentos culinarios, castigando a los niños y atendiendo al marido, descuidando por completo su imaginación y poder creativo, en definitiva.

De hecho, ésta es una de las razones por las que a muchas mujeres les resultan tan poco gratas sus vidas. Siempre se ocupan de las tareas domésticas (hecho que no requiere que demuestren su talento ni sus capacidades), están dedicadas a los demás y nunca a ellas mismas. Tanto la sociedad como los maridos las ensalzan por ello (cuando se sienten demasiado desgraciadas o padecen una depresión nerviosa), aunque siempre algo perplejos e indiferentes y sólo para ofrecerles un poco de alivio. A las pobres esposas se les recuerda que el motivo de que las mujeres sean tan fantásticas es que son poco egoístas y muy sacrificadas; ahí es donde mora lo maravilloso de su estado. Pero en su interior saben que algo no funciona.[52] Creen que si siempre se dedican a hacer cosas para los demás, como una criada o una enfermera, y nunca para sí mismas, no podrán brindar nada bueno. Este "consuelo" las hace sentirse físicamente mejor, pero no

---

52 Las tareas domésticas a expensas del trabajo creativo, verdadero brillante, son un pecado contra el Fantasma Sagrado.

las llega a intervenir espiritualmente, ya que para enseñar, animar, alegrar, consolar, divertir, estimular o aconsejar a un marido, hijo o amigo, tienen que sacar algo de sí mismas. Y, ¿cómo llegar a ser una misma?

Pues trabajando duro y con sentido común por algo que aman, cuidan y creen que es significativo. De forma que si quieren que sus hijos sean músicos, deberán estudiar música también. Si lo que quieren es que lleguen a ser universitarios, tendrán que ponerse a estudiar. Si esperan que sean honestos, ellas lo serán primero. Es así como se mueve.

Por eso, a esas madres tímidas que asisten a clase y que aspiran escribir y no hallan ni un solo momento para hacerlo, les digo: si cerrarais la puerta de vuestra habitación sin dejar entrar a los niños durante una hora al día, y afirmarais: "Mamá está trabajando en el quinto acto de su tragedia en verso", os ataparía su respeto. Probablemente todos se convertirían en autores de obras de teatro.

Entonces, estas madres se quedan mirándome pensativamente y reconocen que es verdad. Pero resulta muy difícil, ya lo sé, cambiar de mentalidad, después de tantos siglos creyendo que las mujeres sólo deben animar y promocionar el talento de los demás sin tener nada por sí mismas (mientras que sólo se puede fomentar y animar el talento de la gente si uno también lo tiene).

Así, si las mujeres aprendieran de una vez por todas a ser algo por sí mismas, dentro de una generación tendríamos los niños más asombrosos. Os he mostrado estos pocos ejemplos de mis clases porque no tengo sitio para más. No puedo enseñaros todos los cuentos, obras de teatro y novelas que se han escrito. Pero ante estos pocos resúmenes del trabajo de personas sin experiencia os daréis cuenta de que el talento no sólo se aprecia en las revistas o en los libros, en las discusiones sobre las obras de Broadway, en las columnas de los periódicos, revistas literarias o en Hollywood. El talento se halla en todas partes.

Capítulo XI

Veracidad microscópica

Cuando se logra hallar el verdadero yo y se habla desde él, la escritura siempre experimenta una metamorfosis, una transfiguración. A continuación os vaya sugerir otro modo de hallar vuestro yo verdadero a través de la creación literaria. Se trata de lo que yo llamo escribir con "veracidad microscópica". Si creéis que os puede ayudar, probadlo.

Vaya llamar señora B a una de las asistentes a clase. Esta mujer hacía años que ya había escrito una novela (que no logró vender) y muchos cuentos. Había trabajado mucho. Era una persona interesante y capaz, aunque algo de su rígida, racional y práctica mirada (detrás de las gafas) me hacía presentir que iba a resultarme muy complicado hacer algo por ella. Había participado en talleres de escritura y había reescrito su "material", docenas de veces, tras estudiar las últimas tendencias literarias en revistas y nuevas publicaciones, y tomar notas de las mismas, para volver a escribir su novela de acuerdo con sus apuntes. Ahora he hallado esta carta que escribí sobre ella hace dos años:

• • •

Mi clase ya ha empezado. Hay alumnos tímidos y gente de todas las edades. Me han entregado algunas cosas muy buenas. De hecho, me parece que la única persona sin talento es la señora B, que ya ha escrito novelas y todo tipo de historias. A lo mejor le exijo mucho. La verdad es que dice que quiere de mí una "crítica inflexible" y no estará satisfecha hasta que me muestre dura (comportamiento en el que no creo en absoluto). Sin embargo, escribe desde una óptica poco personal: "tomó la silla", etcétera. Y cuando le muestro que aclare algún párrafo de un cuento, quiere saber puntualmente lo que debe poner. Yo le contesto que ahí reside su problema: piensa en las "palabras" y no en la historia o en la verdad de lo acontecido. No es bueno todo el esfuerzo en tratar de que las *palabras* suenen mejor; es preciso poseer una idea más clara sobre las *personas* y lo que les ha sucedido. Estoy deseando ver si esto cambia su modo de trabajar, y he llegado a la conclusión de que ésta es la causa de que la invención (excepto en el caso de las obras maestras) suene falsa: "Nancy Flumsy movía raramente la gorra que le protegía del sol cuando se cayó en el embarcadero del club náutico". Hasta la ficción de autores tan importantes como Galsworthy me produce esta sensación, con excepción de los maestros rusos.

Solicité a la señora B y al resto de la clase que pensaran e contar una historia, no en escribirla. Cuando cuentas una historia es cuando tienes un sentido instintivo de la medida, la distribución, los detalles que son significativos; puedes, entonces, reubicarte con rapidez a la superficie de la historia si es necesario, dejando de lado los diálogos machacones. Bueno, yo hablo como si supiera todo lo que hay que saber del tema, cuando de hecho acabo de comenzar, y mis propias historias nunca han sido muy buenas, ¡Dios lo sabe! Pero creo que cada vez aprendo más. Cuando se escribe, uno debe ser valiente, libre y claro. La verdad te mantiene alejado del descaro, de la ostentación (¡y cuántos americanos somos ostentosos!).

• • •

De la escritura de la señora B destacaría ese tono gris, aburrido, convencional. Sus heroínas tendían a ser traidoras vampiresas. Le encantaba escribir sobre gente extrañamente perversa que vivía en apartamentos pequeños. Y creedme: se puede componer una buena historia con estos protagonistas, pero es necesario, para ello, que rechacemos los estereotipos. Las historias de la señora B no resultaban convincentes porque sus protagonistas eran estereotipos, y ya sabemos que éstos nunca son reales. Si, por ejemplo, queréis que en vuestra historia haya un campesino yanqui, lo que nunca debéis hacer es describir a un personaje tan yanqui que resulte el campesino más yanqui del mundo. Si lo hacéis así, el resultado será que ningún lector dará notoriedad a vuestra historia ni por un instante. En cambio, podríais hacer lo siguiente: recordad aquel encuentro que tuvisteis una vez con un campesino yanqui y, conscientemente y con detalle, describidlo; el será el protagonista de vuestro libro No importa que vuestro personaje sea calvo, vaya bien afeitado y vista trajes de ejecutivo; los lectores advertirán que se trata realmente de un campesino yanqui y se lo creerán. Comentarán que "en el libro hay una espléndida descripción del típico campesino yanqui." Así, cuanto más deseéis retratar a un personaje universal, con mayor exactitud y veracidad deberéis relatar los detalles particulares.[53]

Le dije a la señora B que escribiese microscópicamente y con veracidad. Le pedí que describiera a alguien que conociese desde todos los ángulos: "No trate de que su texto suene suave y agradable; escriba con absoluta e imparcial exactitud. Mire a la persona y diga sólo lo que ve, aunque tenga la impresión de escribir un catálogo."

Siguió mi consejo, y describió a una vieja criada contando exactamente la forma de su labio superior, el color opaco y gris de sus dientes postizos, en fin, todo.

• • •

La primera vez que vino a verme para ayudarme en la casa se sentó erguida en una dura silla y me atravesó con sus fuertes ojos negros. Su largo labio superior, sombreado

---

[53] Parece secundario que los artistas y escritores sepan esto. Sin embargo, los grandes artistas lo tienen en cuenta. Es por ello por lo que Van Gogh se lamentaba de quienes intentaban pintar un cuadro casi de memoria, haciendo una vaga generalización de todo, en vez de estudiar lo que pintaron y mostrar lo que vieron y sintieron con esa fuerza henchida de delicadeza y sinceridad. Blake escribió: «La regla de oro del arte, que también se puede aplicar a la vida, es ésta: cuanto más precisos, claros y fuertes sean los límites, más perfectas serán las creaciones artísticas; cuanto menos vivos y veraces, más evidentes será la imitación, el plagio y la torpeza. Los grandes artistas de todos los tiempos sabían esto, Rafael, Miguel Angel y Alberto Durero lo aplicaban a la perfección ", Y también manifestó: "En los detalles curiosos y particulares se fundamenta lo sublime." Y dijo sobre las formas bonitas: "La minuciosidad es la Belleza total"

por un ligero bigote, se reducía en su parte central. No sonreía con facilidad, pero de vez en cuando una curiosa convulsión fruncía su cara cetrina. Su deforme sombrero redondo caía sobre su pelo blanco. Una blusa descosida y una falda manchada cubrían su delgado y recto cuerpo con tanta firmeza como su espíritu indomable sostenía sus asombrosos años. Durante ochenta y siete años de vida valerosa, evidentemente no había acumulado ni un gramo de tejido adiposo. Aunque ante su intensa mirada, nunca me liberé de un sentimiento de culpabilidad, a medida que pasaba el tiempo me di cuenta de que yo le iba simpatizando un poco. Me dijo que le gustaban los hombres y que no se llevaba bien con las mujeres.

"Si tiene una buena melaza, prepararé unas galletas de jengibre", dijo un día. "A los hombres les gustan las galletas de jengibre como se hacían antes." Afortunadamente, había melaza de la especie que buscaba; entonces se giró y me dijo: "Ahora deseo estar sola en la cocina. Encienda el horno; lo demás corre por mi cuenta." Cerró la puerta de golpe y, cuando el aroma a especias y melaza llevaba horas esparcido por toda la casa, me aventuré a ingresar en la cocina. Cada centímetro del mármol estaba repleto de gruesas galletas. Sarah estaba de pie junto a la ventana mirando hacia fuera. La expresión de su espalda me mostró que mi aparición había sido prematura, y me fui apresuradamente. Se mostró encantada cuando mi marido alabó sus galletas; como pretendía agradarle a toda costa, las escondió en los lugares más insospechados para que yo no pudiera tomarlas y ofrecérselas a él.

No resultaba sencillo conversar con ella. Cuando lo intentaba, siempre me sentía como un caballero andante que avanzaba empuñando la bandera de tregua. Era como una torre feudal que prohibía mi entrada, sus restringidas aperturas servían para que me alcanzaran algunos de los dardos que me remitía.

Si quieres escribir

Desde muy joven, la vida, que había pasado en su mayor parte en una granja de las pedregosas colinas de Vermont, le había enseñado a trabajar duro. A medida que pasaban los años, Sarah se había convertido en una pequeña isla apartada del mundo por el orgullo y la pobreza, con la vista cansada, una sordera parcial, e inalterable ante todo lo que giraba a su alrededor; una isla, en definitiva, que despreciaba cualquier tipo de caridad y que resistiría hasta el final logrando, de algún modo, hacer que nos sintiéramos en deuda con ella.

• • •

Esto es muy bueno. ¿Cómo me atrevo a afirmar con tal certeza (como un crítico) que es bueno? Por una razón: toda la clase se había quedado admirada y en silencio. Mientras leía, todos escuchaban con fervor e interés inquebrantables. Parecía que habían logrado hacerse un brillante y detallado retrato mental de la vieja criada que también permaneció en mi memoria durante dos años. Todo ello mostraba que era bueno.

Así, cuando la señora B logró esa autenticidad exacta como de catálogo, encontró a su verdadero yo, y a partir de entonces, empezó a escribir bien. Pero hay algo aún más digno de remarcarse en esta descripción de la vieja de Vermont, y es los cambios de personalidad del escritor detrás de sus palabras.[54]

Si hubierais leído los cuentos de la señora B sobre extrañas heroínas que viven en apartamentos pequeños sin conocerla a ella personalmente, hubierais llegado a la conclusión de que la escritora era una persona normal y sin talento, sombría e inclusive mezquina. Nunca la hubierais identificado como autora del texto que os acabo de presentar, porque alguien que es capaz de escribir de esta forma tiene que ser una persona cariñosa, tierna y llena de buena voluntad, con una mirada

---

54 A esta personalidad que se halla detrás de las palabras la llamo Tercera Dimensión. Es muy importante y os daré detalles más adelante.

delicada, aguda y compasiva para todo. En otras palabras, en sus primeros cuentos, su deseo inconsciente de vender, de ser sofisticada y de causar buena impresión, amortiguó su fuerza, por lo que los resultados fueron vulgares. Si por fin llegó a escribir con veracidad y sin pretensiones, es porque se envolvió en su escritura, es decir, en su propia fuente de sabiduría, talento y sensibilidad. Por todo ello puedo afirmar de nuevo (seguramente por centésima vez) que esta fuente se halla en todos vosotros y es inagotable.[55]

La escritura de otra mujer cambió de repente cuando le dije que tratara de ser microscópicamente verídica. Era una señora mayor, de unos sesenta años, coja, cordial y delicada. Trabajaba mucho, pero no lograba escribir nada realmente bueno y vital. Posteriormente le comenté: "Describe algo tal como lo ves. No te preocupes de si resulta parcial o tosco. Sólo observa algo y escribe lo que veas. Recuerda lo que dijo William Blake: "La perfección logra caminos rectos, pero los caminos tortuosos e imperfectos son los propios de los genios".[56]

Esta alumna hizo lo que le dije. Describió una vieja casa triste y ruinosa que, a diferencia de otras historias suyas, resultó sorprendente: gráfica, penetrante y melancólica. Incluso se dedicó a destacar los colores de las cosas, cuando nunca había mencionado un color en sus otros trabajos. Le comenté lo bueno que me parecía su texto y ella me contestó: "¡Pero es tan lúgubre! No me gusta escribir con

---

[55] Inagotable, si no se os olvida que vuestro verdadero yo siempre está cambiando, creando nuevas cosas desde el interior. Pero si escribís algo bueno y exitoso y entonces tratáis de hacer lo siguiente igual de bien, por ejemplo, llegará un momento en que la fuente inagotable de talento se secará.

[56] La verdad, la vida misma, es siempre sorprendente, extraña, in esperada; sin embargo, cuando se dice la verdad todo el mundo sabe que se trata de la vida misma y no de algo inventado. En la ficción, en las películas, etcétera, todo se suaviza para que parezca plausible: los traidores son malos, los héroes espléndidos , las heroínas fascinantes , etcétera; de es te modo, nadie se cree una palabra sobre ellos.

Si quieres escribir

tono pesimista." Entonces me di cuenta de que toda una vida fingiendo una alegría artificial, quizá por su cojera, la mantuvo alejada de poder escribir desde su verdadero yo. "Debo ser alegre y optimista, debo mirar el lado bueno de las cosas", se decía consecutivamente a sí misma. Esta mentalización es válida, pero no a la hora de escribir.

Si se trata de verdadera alegría, vale. Pero si es una alegría forzada y siempre describís las cosas como creéis que hay que hacerlo, entonces no será eficaz y nadie se interesará por vosotros ni os creerá. Hay quien escribe usando palabras largas y solemnes como "cooperación" y "coordinación", cuando su verdadero yo es divertido, chistoso y alocado. Y hay quienes se esconden detrás de un cursi, forzado y artificioso humor, cuando su verdadero yo es tierno, sensible, solitario y romántico.

Un joven siempre traía a clase textos vulgares sobre un hombre con el cuello grueso, llamado Gus, su esposa Edna, y sus escandalosas disputas sobre el dinero para poder comer (eructos y palillos incluidos). No resultaba nada divertido y comencé a sospechar que trataba de engañarme. Entonces le obligué a escribir algo que saliera de sí mismo. "Intenta no esconderte de ti mismo. Me encantaría ver lo que de verdad te importa", y dijo que así lo haría.

Después de un tiempo, trajo un episodio sobre un joven que se despertaba por las noches luego de un sueño desordenado e intranquilo, creyendo que su mujer se hallaba en la cama, a su lado, durmiendo tranquilamente. Entonces, de manera gradual, iba recordando: no, ella no está aquí. No hay nadie más en la cama. Hacía pocos días que había muerto. Estaba bien escrito, lleno de delicadeza, ternura y tristeza. La descripción del sueño y la lucha por recobrar el conocimiento palpaba la perfección. Su vocabulario era irreconocible, repleto de palabras escogidas con cuidado, sabiduría y exquisitez.

Pero, ¿cómo podemos distinguir nuestro yo verdadero

cuando somos tantos "yoes"? Sí, ya sé que es difícil, y se trata de un tema que me ha causado mucha confusión, pues yo misma he creído ser personas muy diferentes: unas veces un hombre, otras, una mujer, una asesina, una madre, una señora boba, una vieja calavera, un cura, un león, una comadreja. Todas mis enseñanzas no servirían para nada si, al tratar de hallar vuestro yo verdadero, empezaseis a solemnizar con el ceño fruncido, ansiosa y neurasténicamente: "¿Realmente estoy escribiendo desde el más verdadero de mis "yoes"?." No debéis hacer eso. La única forma de hallar el yo verdadero es a través de la osadía y la libertad. Si durante un rato os sentís como un asesino, escribid como si lo fueseis.

De hecho, cuando estamos furiosos tenemos un instante estupendo para escribir con inteligencia. Si os decidís, haced lo sobre lo que os causa tanta rabia y evitad siempre los tonos literarios obedientes. "Las pasiones violentas son las que producen los matices auténticos, buenos y perfectos", dijo Blake.

Ésta es otra de las razones por las que pienso que escribir es algo magnífico. Las personas que lo hacen dejan de ignorar sus bajas pasiones, comienzan a observarlas con interés e intentan entenderlas; de hecho, llegan a alegrarse de tenerlas porque son estas bajas pasiones las que les han facilitado motivos para la reflexión. Hay pasiones que todo el mundo tacha de malas, como la rebeldía, la obstinación o el desperdicio; aunque pueden resultar muy enriquecedoras.

Me he leído todo lo publicado por Chéjov. Desde mi punto de vista, es uno de los mejores autores, sus obras son magníficas, pero sus cartas, su vida, aquello que la gente recuerda de él aún es mejor. En cualquier caso, resulta alentador el hecho de que si no hubiera reconocido toda la crueldad, glotonería, cobardía y frialdad que había en sí mismo, no habría podido escribir sobre ello. Los grandes hombres sienten y conocen todo lo que pueden advertir los hombres sencillos, incluso con mayor claridad que éstos.

Si quieres escribir

Sin embargo, parecen haber superado esos sentimientos negativos. Eso no significa que los sigan entendiendo y perdonando en los demás. Sencillamente, no se dejan influir por ellos. A través de la escritura, aprenderéis progresivamente a ser más libres y a decir lo que pensáis; descubriréis que es mejor no mentiros a vosotros mismos ni adoptar posturas falsas. Pero sólo llegaréis a hallar vuestro yo verdadero si escribís mucho y con tenacidad.[57]

Y ¿por qué hallarlo? Porque creo que se trata de vuestra alma inmortal; si lo dejamos en libertad y lo respetamos, seremos más felices y mejores. Recordad siempre que el verdadero yo nunca es algo fijo. No se puede decir: "Bueno, hoy por fin he hallado a mi yo verdadero y es un tipo excelente", y no se puede decir porque el yo verdadero siempre se está moviendo, como la música, el río de la vida; cambia, cae, sufre, fracasa, aprende y vuelve a comenzar. Por ello se deben cometer errores con libertad, tanto al escribir como en la vida, y olvidarlos para después volver a escribir y a vivir.

Entiendo más que lo que las altas esferas llaman Arte. El boxeador profesional que entrena duro y usa su imaginación y esfuerzo para convertirse en un mejor deportista, tiene poder creativo. La mujer que hojea una revista de moda y siente ese pequeño manojo de agradable energía en su interior: "Debería tener un abrigo como ése y rizarme el flequillo" y en su imaginación ve el abrigo y los rizos, y lo bonita que está, y siente una energía primaveral al tener esos pensamientos, también tiene ese poder creativo. El pastelero que quiere crear un nuevo dulce también lo tiene.

---

57 Lo mismo puede decirse de cualquier otro arte o de cualquier otro uso que se haga del poder creativo. Recordad siempre que por "poder creativo".

Capítulo XII

El Arte es contagio

Adoro a los grandes escritores rusos, sobre todo a Tolstoi, Chéjov y Dostoievski porque sienten que la verdad es más importante que cualquier palabra rebuscada. Personalmente, no me gusta el tipo de escritura donde el envoltorio es más sugestivo e importante que el contenido. Quizá sea ésta la razón de que los rusos traduzcan tan bien a palabras sus experiencias vitales: lo que les importa es lo que sienten, ven y piensan. Para ellos la vida es más importante que la literatura.

Los grandes maestros rusos son los que me convencieron de que la única forma de escribir bien y de que la gente se crea lo que contamos es desechando todo lo presuntuoso y afectado. Resulta mucho más complicado de lograr de lo que pensáis, porque nuestras pretensiones son muy sutiles y profundamente subconscientes. Me gustaría comentaros lo que Chéjov dijo al respecto. Es un cuento extraordinario llamado *Una historia triste,* su héroe es un viejo y desilusionado hombre, un profesor de universidad. Esto es lo que Chéjov le hace decir:

"Los libros franceses tampoco son de mi agrado, pero no resultan tan pesados como los rusos; es corriente hallar en ellos el elemento más importante de la creación artística: el sentimiento de libertad personal que no se halla en los autores rusos. No recuerdo ni un solo libro nuevo en el que el autor no trate, desde la primera página, de enredarse con todo tipo de condicionamientos y compromisos con su conciencia. Uno tiene miedo de hablar de un cuerpo desnudo; otro se atrinchera detrás de un análisis psicológico; un tercero muestra una "actitud afectuosa hacia el hombre"; otro se resigna a ser un hombre corriente en su trabajo, y así sucesivamente... Todo ello es deliberado, prudente y voluntario, pero carecen de independencia para escribir lo que les gusta. Por lo tanto, no existe la creatividad."

Cuando escribáis debéis sentiros libres. Tenéis que esclarecer vuestros "debo". Es preciso que desconectéis y dejéis a un lado todo lo que estorba: las cargas, las obligaciones, todos los quehaceres. Podéis escribir tan mal como queráis. Podéis escribir *cualquier cosa* que os apetezca -una poesía, una tragedia o una breve historia vulgar-o El caso es que la escribáis con franqueza y ganas; no intentéis, pues, que nadie crea que sois más mordaces de lo que realmente sois, porque entonces todo el mundo mirará vuestro trabajo con lupa y, en el fondo, creerá que lo que queréis es vanagloriaros. (Recordad esto: cuanto menos brillante sea vuestra escritura, más grandes seréis y más interesante podrá resultar la personalidad que se esconde tras el papel.)

Cuando escribáis, pues, no os dejéis bloquear por muchos "debo": *debo* ser más divertido, más progresista, debo[58] parecerme más a Ernest Hemingway, debo mostrarme más sarcástico. Lo estropearéis porque no resultará vivo, sincero.

Cuando comento los textos de mis alumnos en clase, sé que en algunos casos podría decir: "Esta frase es preciosa porque querías decir esto esencialmente. Ésta no vale nada. Intentabas agradar al profesor, es falsa. Escribid siempre lo que penséis."

En otras palabras, no escribáis como lo haría un

---

58 Me refiero ahora a nuestros primeros borradores. Además, no penséis que escribir no es un trabajo; vuestra novela puede llevaros once años, como le sucedió a Tolstoi con *Guerra y la Paz:* Puede suceder que queráis reescribir vuestra obra, pues veis a los personajes con más claridad en vuestra imaginación, o simplemente pulirla, haciéndola más creíble y eliminando vocabulario superfluo, resolviendo lo ficticio y lo afectado. Y recordad que una buena novela u obra de teatro es como un iceberg. Algunos se ven, pero muchos otros no. Alguien le preguntó a Ibsen en una ocasión cómo se le ocurrió ponerle el nombre de Nora a la protagonista de *Casa de Muñecas,* y respondió: "Bien, su verdadero nombre era Eleanora, pero la llamaban Nora desde pequeña". Ya veis, él conocía toda su existencia, cualquier detalle sobre ella, desde la más temprana infancia, si bien en la obra sólo se cuentan unas pocas horas de su vida. Pero en principio, crear una historia *sé* que nos hace sentir libres. La experiencia de pulir ese trabajo será diferente para cada uno, y la iremos adquiriendo a medida que vayamos trabajando.

publicista. A menudo he pensado en los billones de dólares que este país se gasta en publicidad. Las agencias contratan a los jóvenes más inteligentes para que escriban eslóganes ingeniosos. Pero sus frases tienen un nulo valor literario. ¿Por qué? Porque sus autores no las sienten interiormente. Todo está escrito, pero no porque el escritor aprecie algo y luego lo exprese. Su único objetivo es tratar de impresionar y persuadir a la gente de algo que ni ellos mismos se creen.

Un artesano encarcelado llamado Bunyan[59] describía un objeto con sólo un pequeño número de palabras. John Keats escribía con un número de palabras mucho mayor. Pero ambos son grandes literatos porque recapacitaron sobre las cosas de las que iban a escribir y luego las contaron del modo más sincero y fiel del que fueron capaces. A mí me ayudó mucho algo que Tolstoi decía sobre el hecho de escribir. Aquí lo detallo porque posiblemente pueda serviros de ayuda.[60] Primero, afirmó que en el mundo todo se podía expresar de modo que un joven de quince años lo entendiera a la perfección. A menudo pienso en ello y me resulta una guía de gran ayuda. Tomo un libro de Tolstoi y veo que hace lo que predica.

Después, en un famoso ensayo llamado: "¿Qué es el Arte?" (Que no agradó a mucha gente), dijo algo parecido a esto: el arte es contagio. El artista siente y enuncia algo y a la vez sus sentimientos contagian a otras personas, que pasan a sentirse del mismo modo. El contagio deberá ser *inmediato* o no será Arte. Si tratáis de analizar un cuadro o un libro que

---

59 Todos los presos deberían escribir. Sería positivo para ellos y para nosotros. Algunas de las mejores obras de la literatura han sido escritas por presos, entre ellos Sir Walter Raleigh, Bunyan y Dostoievski. Creo que los reclusos sufren, se sienten solos y tienen mucho que contar. Sus anhelos y sus poderes creativos se demuestran con el hecho de que hay una mayor demanda de libros dentro de las cárceles que fuera. Esto lo sé por un bibliotecario.

60 Por supuesto, si vuestro impulso creativo, vuestro yo verdadero, os dice que escribáis de manera compleja y elaborada, entonces debéis hacerlo.

os guste leyendo muchas críticas eruditas sobre el tema para poder decir al final: "Sí. Creo que comienzo a comprenderlo y a ver que es espléndido", entonces no se trata de Arte.[61]

Tolstoi afirmó lo siguiente: "El propósito del Arte radica en hacer comprensible, en forma de razonamiento, lo incomprensible e inaccesible.

Ésta ha sido siempre la naturaleza del Arte supremo. *La lIíada, La Odisea...* los profetas hebreos y los himnos de los Vedas: todos transmiten sentimientos muy elevados y, sin embargo, son comprensibles tanto para la gente culta como para la más sencilla, pues se escribieron para que resultaran claros a los hombres de la Edad Antigua, aún menos cultivados que nuestros campesinos .

"El obstáculo para comprender los mejores y más elevados sentimientos no reside en una deficiencia en el desarrollo o en el aprendizaje. Una buena y sublime obra de arte puede resultar incomprensible para los intelectuales y clara para personas menos cultivadas (todo lo elevado resulta fácil). Por ejemplo, conozco a gente que se considera muy fina, que dice no comprender los poemas que hablan del amor, de la castidad o del sacrificio. Así, este Arte Universal puede resultar incomprensible para un reducido círculo de gente pedante, pero no para un amplio número de gente humilde."

Tolstoi decía que el Arte Supremo surge cuando un gran hombre con una elevada concepción de la vida de su época dice lo que siente. (El mismo Tolstoi fue uno de ellos aunque nunca lo supo.) Entonces, el contagio es universal y todo el mundo lo entiende a la primera.

Pero Tolstoi también afirmó que además del verdadero Arte, existe una gran cantidad de imitación y pseudoarte. Esto pasa porque hay mucha gente rica aburrida, que quiere entretenerse y pagan a los artistas para que los diviertan "haciendo Arte" para ellos. Sin embargo, ya que el Arte debe ser un sentimiento verdadero y no algo incitado, ya que debe

---

61 Aunque puede ser Arte para otros que lo ven como un contagio inmediato.

generarse espontáneamente en el propio seno del artista, surge mucho pseudoarte falto de ingenio. Un tipo de pseudoarte es el que pretende resultar de difícil comprensión, sutil y complejo, de modo que sólo un pequeño número de personas muy cultas y exclusivas puedan comprenderlo. Y aquí es donde aparecen los críticos para explicar ese arte. Tolstoi dijo de los mismos que se trataba de gente especialmente incapaz de reconocer el Arte porque "eran eruditos, es decir, depravados, a la vez que individuos de gran autoconfianza". Toda esa erudición, razonamientos y comparaciones los lastiman, los vuelve opacos y atrofiados, pues no les deja "sentir" con la inmediatez del niño, de la gente sencilla o de los poetas.

Por esta razón, "los críticos siempre han sido hombres menos susceptibles al contagio del Arte que los demás." Tolstoi afirma que esto se puede ver en el hecho de que intentan explicar e interpretar, cuando tanto Arte como artista son conceptos no interpretables o explicables con palabras, porque "contagian."

Tolstoi habla de otro tipo de pseudoarte. Digamos que un libro os contagia y pensáis: "Estos hechos tan apasionantes los incluiré también en mi obra." No se puede conmover a la gente a través de un contagio de segunda mano. El prestigioso autor también escribió: "Hace unos cuarenta años, una estúpida mujer, aunque muy culta, me pidió que escuchara una novela escrita por ella. Empezaba con una heroína que llevaba un poético vestido y el pelo ondulado y que leía poesía cerca de algún riachuelo de un poético bosque. La poética escena sucedía en Rusia. De repente, el héroe, que llevaba un sombrero a lo Guillermo Tell (el libro menciona con especial interés este punto), apareció tras unos matorrales, acompañado por dos perros poéticamente blancos... Pero tan pronto como el caballero comienza a hablar con la virginal mujer vestida de blanco, se hizo obvio que la autora no tenía nada que decir, sino que se había asombrado por unos recuerdos poéticos de otros trabajos.

"Sólo se recibe una impresión o contagio artístico si el autor experimenta, de un modo verdadero, los sentimientos que transmite, y no cuando copia los de otra persona que previamente se los ha transmitido a él".

Cuando leí este comentario de Tolstoi, al momento me pareció un descubrimiento. Aunque quizá no me hubiera llamado tanto la atención si no hubiera sido por mi clase. En sus escritos pude evidenciar que cuando una frase sale del verdadero yo y así se experimenta, resulta buena, viva y contagiosa, sin importar las palabras que se digan o la gramaticalidad de las mismas. Pero cuando el escritor no siente la frase, no hay nada que hacer: el contagio no se origina.

Esta observación me ayudó muchísimo, porque me enseñó que no existe razón alguna para tratar de construir experiencias artificiales escribiendo algo que no se siente, pues no interesarán ni "contagiarán" a nadie. Como dije en mi clase, no debéis pensar en un sentimiento como en algo necesariamente violento y terrorífico. El aburrimiento, el fastidio, la ensoñación y la rabia también lo son. Por lo tanto, si a partir de ahora deseáis escribir sobre un hombre que se aburre, describid[62] tranquilamente qué habéis sentido vosotros al estar aburridos. Esto es todo lo que tenéis que hacer. No tratéis de decir que el aburrimiento era "angustioso y atroz" a no ser que así lo hayáis vivido, cosa que dudo. Para contagiar y convencer a vuestros lectores haced una buena descripción que suene a verdad, eso es todo.

---

[62] Cuanta más delicadeza haya en vuestras percepciones del aburrimiento, mejor conseguiréis plasmarlo en el papel. Pero no olvidéis que vuestra manera libre e impulsiva de contar las cosas será mejor, más verdadera y cercana a la realidad que la que está basada en la planificación y en la Invención.

Capítulo XIII

La Tercera Dimensión

Si escribís relatos, nunca seáis el consejero de vuestros personajes. No digáis: "Qué heroína tan fascinante y agradable, qué héroe tan bueno y valiente..." Ello está bien sólo si resulta efectivo. El problema es que cuanto más intentéis "afirmar" que vuestra heroína es maravillosa, más lo pondrán en duda vuestros lectores. Ellos saben que de algún modo mentís, que no la percibís visiblemente en vuestra imaginación como una persona real, viva, sino que los engañáis y sólo hacéis propaganda de ella. Y cuanto más describáis sus adorables rasgos, más advertirán el desagradable sentimiento de que el escritor es un pedante.

En *Los poseídos,* Dostoievski describe a uno de sus personajes, que es un escritor famoso, del siguiente modo: "Detalló el naufragio de un buque de vapor que había hallado, cerca de la costa: los cuerpos de la gente que se hundía y los cadáveres que subían a flote." Todo el artículo fue escrito con la única intención de ostentarse. Uno parece leer entre líneas: "Concentraos en mí. Contemplad cómo estaba en esos momentos ante la vista del mar, la tormenta, las rocas, los espigones, las astillas del barco naufragado. Os he descrito todo esto con mi poderosa pluma. ¿Por qué miráis a esa mujer que se está ahogando con el niño muerto en sus brazos? Mejor miradme a "mí", y a mi incapacidad para perturbarme al presenciar tanto dolor. Me quedé de pie, di la espalda al espectáculo aterrorizado, incapaz de volver a mirar y cerré los ojos. ¿No resulta interesante?"

A menudo mis propias historias me han dejado alarmada, especialmente aquellas en las que intentaba hacer Arte puro, serio e intransigente.⁶³ Todos los personajes parecían ser "yo" y podría leerse así:

"Te amo", le dijo Brenda Ueland a Brenda Ueland.

"Yo también te amo", contestó tímidamente Brenda con una sincera mirada en su hermosa cara. En las revistas he leído muchos relatos como éste. El autor, a veces, necesita ser un individuo creído, aunque a menudo se muestre amable. Creo que esto pasa porque hay escritores que no plasman la verdad de forma objetiva, sino que tratan de demostrar, sin franqueza, al lector que sus personajes son espléndidos. Entonces se trata de propaganda y publicidad, no de la verdad.

Los personajes deberán surgir de vuestra imaginación llenos de vida, para después, con objetividad y detalle, decir cómo son y qué hacen. Si resultan fascinantes ya se verá. Pero siempre intentad escribir con sinceridad. Si queréis decir que el fascismo es terrible, no escribáis una novela que lo manifieste, pues los lectores dirán: "En este libro no hay gente real, sino unos tipos que conversan ya los que se les fuerza a indicar que el fascismo es terrible."

En este caso, en vez de la novela, resultaría más eficaz escribir un manifiesto, firme y claro, que explicara por qué el fascismo es terrible. Chéjov decía que en la ficción se puede enunciar una pregunta (sobre la pobreza, la moralidad, etcétera) pero nunca debe contestarse. En cuanto lo hagáis, los lectores sabrán que estáis mintiendo, es decir, forzando a vuestros personajes a manifestar algo.

Podríais afirmar que los maestros rusos hacían propaganda en sus novelas y que no ha habido escritores en el mundo tan eficaces al respecto. Yo os contestaré que no lo hacían para que sus personajes ilustraran una teoría social. No. Esos escritores, con su honestidad y clara visión, sencillamente se

---

63 Por esta razón no debéis ser demasiado honestos y sinceros a la hora de escribir, pues ello también constituye un tipo de falsedad. Cuando eres sincero no haces ningún *intento*. Simplemente, debéis ser lo bastante sinceros y nada más.

Si quieres escribir

dieron cuenta de lo que le pasaba a la gente y lo contaron, y libros como *Resurrección, Los hermanos Karamazoli* o los *Cuentos* de Chéjov resultaron tan grandes e inolvidables porque los lectores consiguieron sentir: "Esta gente existe. Nunca los olvidaré. Y el autor de este libro, este gran hombre sabio y complaciente, incapaz de mentirse a sí mismo o a nadie, ve la vida de este modo y no nos cuenta de manera didáctica o con tristeza, como lo haría alguien culto y pesimista, lo diferente que debería ser, sino que podemos sentir lo mismo que debió de sentir él en cada frase."

A cada párrafo que leo, dejando de lado el espanto, la maldad y la miseria que una obra maestra pueda relatar, me siento agradecida y esperanzada (de verdad que no puedo leer a Chéjov o a Tolstoi sin que se me haga un nudo en la garganta) y me digo: por lo menos, en el mundo ha vivido un gran hombre como este escritor, demasiado grande para ser pedante, demasiado afable para resultar satírico.

Un escritor corriente puede mostrarnos la pobreza a través de ciertos detalles. Los textos de ese escritor se leerán con un toque de interés mórbido y quizá cierto desazón, pero sin causarnos mayor impresión. Lo que le interesa, en realidad, no es la pobreza; no provoca en nosotros ningún tipo de preocupación o angustia que nos haga reaccionar para que todo sea distinto a partir de su lectura.

"Este escritor", lo sabréis reconocer cuando leáis sus textos, "está más preocupado por escribir "realismo puro" que pobreza. Dice "puta" muchas veces para mostrarnos que no tiene pelos en la lengua y que no es un individuo rebuscado."

Pero como no tiene verdaderos sentimientos sobre la pobreza, o sea, no tiene nada que ofrecer, tampoco el lector consigue experimentar nada. No hay contagio. Chéjov escribió esta carta a su hermano: "Sólo tienes un defecto: tu extraordinaria falta de educación. En mi opinión, una persona educada debe cumplir las siguientes condiciones:

1. Respetar la personalidad del hombre y, por lo tanto, ser tolerante, atento y flexible. No hacer una montaña de una pequeña cosa. Vivir con los demás sin hacer que éstos se sientan obligados hacia él, y cuando los demás se vayan, no decir "es imposible vivir con ellos". Evadir el ruido, el frío, los chistes y la presencia de otros en su casa...

2. Ser piadoso, pero no sólo con pedigüeños y gatos; afligirse por lo que el ojo no ve pero el alma vislumbra. Trabajar por las noches para ayudar a sus padres a pagar los estudios de los hermanos. Comprar vestidos a su madre.

3. Respetar las posesiones de otras personas y pagar las deudas.

4. Ser puros de corazón y temer la mentira como se teme al fuego. Una mentira es degradante para el que la escucha y corrompe al que la dice. No lucirse, y actuar en público igual que se haría en privado. No conversar cuando no se es preguntado, permanecer a menudo en silencio, por respeto a los demás.

5. No despreciarse a sí mismo para que los demás se apiaden. No decir "La gente no me entiende" porque produce un efecto miserable, suena a falso y es vulgar.

6. No exhibirse. No preocuparse por cosas banales como el trato con celebridades; dar la mano también al borracho y al mendigo."

Sólo con estas líneas (aunque en ningún momento Chéjov habla de sí mismo) podemos saberlo todo de él; no necesitaréis leer su biografía. De hecho, entendemos que se trata él a partir del trozo que dice: "Ser piadoso, pero no sólo con pedigüeños y gatos; afligirse por lo que el ojo no ve."

La personalidad que hay detrás del escritor es muy importante; eso es lo que yo llamo "Tercera Dimensión". Sobre el papel puede haber todo tipo de palabras y frases escritas con cuidado. Se puede ser completamente objetivo, de manera que, aparentemente, el "yo" que escribe no salga a la luz ni una sola vez. Pero detrás de palabras y frases se halla ese algo profundo, apasionante e importante: la personalidad del escritor. Y cualquiera que ésta sea, brillará a través de la escritura y la volverá noble, grande, afectuosa, fría, miserable, altanera, o lo que el escritor sea.

Las palabras escritas pueden ser opulentas, cultas e ingeniosas como las de Shakespeare. Si la personalidad del que escribe es indiferente o fría, las palabras y frases escritas sonarán triviales, incultas y vulgares. Si la "Tercera Dimensión", o sea, la personalidad del escritor, tiene algo bueno, lo apreciaréis inclusive en sus palabras más tendenciosas. A mi clase iba una joven empleada de hogar. Su aspecto era enfermizo, estaba pálida, llevaba gafas y tenía los dientes feos. Se excusó con vergüenza por no venir a clase más a menudo y por no traer más relatos, pero no era del agrado de su señora que saliera por las tardes. En dos ocasiones me mandó por correo en pequeños trozos de papel algo escrito con lápiz. A continuación os mostraré uno de ellos.

¡CORRE, CORRE!
Por la señorita Lee Frisbie
Voy corriendo por la cocina para preparar la cena, servirla, esperar el café y realizar las numerosas tareas que deben terminarse. Después se acumulan los platos; ordenar la cocina y averiguar qué hora puede ser. Sólo son las nueve, después de un día de trabajo tan duro, las nueve deberían haber sonado hace una hora. ¡Corre, corre! Cuando corres tanto ya no puedes correr más... He oído tantas veces estas palabras que me resultan aburridas. La verdad es que me gustaría ir paseando hacia la ciudad tranquilamente y escuchar las palabras "¡despacio, despacio!" en mis oídos en vez del "¡corre, corre!" No gastaría nada, sólo me dedicaría a mirar vidrieras.

• • •

Como podéis ver, sólo escribió arrebatadamente algunas frases que sintió en su alma y yo logré experimentar lo que ella trataba de decir. Estaba contagiada. Si admitimos el criterio de Tolstoi, se trata de Arte. Y yo también lo pienso. Creo que es bonito y mucho mejor que la mayoría de los poemas que se publican en las revistas y que hablan de temas parecidos. Pude sentir cómo vivía la chica. Supe cómo era toda su vida. Me sentí mucho más conmovida por la situación de las empleadas de hogar que por los amargos e incisivos artículos de los progresistas, o los profundos estudios de sociólogos.

Me irritó sobremanera el hecho de que en nuestro sistema personas tan amables y pacientes dediquen dieciséis horas de su tiempo a alguien por cuatro o cinco dólares a la semana, y que todos lo encuentren bien. No sólo me conmovió, sino que me cambió totalmente. A partir de entonces me planteé no explotar nunca a un empleado. Por lo tanto, creo que este pequeño párrafo sin puntuar es un poema, es Arte. Dostoievski también lo pensaría. Sólo tenéis que leer su gran novela *Pobres gentes* para apreciarlo. Por eso he llegado a la conclusión de que el único modo de llegar a ser mejor escritor es lograr ser mejor persona. y por mejor no quiero decir más caritativa. He llegado a pensar que hay una cierta ironía en la vida de los escritores que siempre permanecen sentados en sus despachos, protegidos de cualquier peligro o incomodidad, para lograr un mejor estilo literario.

Tolstoi, Ibsen, Blake, Goethe, Thomas Mann y todos los grandes hombres, conocidos o desconocidos, son grandes ante todo y, en consecuencia, no consagrarán ni una sola palabra a contar nada irrelevante. Su escritura, su Arte, es meramente producto de la creatividad de una gran personalidad. Pienso que todos, mayores y pequeños, deberíamos estar creando todo el tiempo, olvidándonos de nuestros trabajos pasados y mirando siempre hacia delante. Sólo a través de nuestras creaciones seremos capaces de ver cómo es nuestra alma y entonces, con nuestra imaginación, podremos tratar de ser mejores.

Si quieres escribir

Últimamente he releído *Resurrección,* de Tolstoi, y a los grandes autores rusos. Cada palabra es misteriosa, autobiográfica y verdadera, aunque escriban sobre gente repulsiva, a quienes seguro que conocen a fondo, y, sin embargo, no hallo nada censurable o ruin, como me sucede con otros autores que describen la vida de la gente en sus libros. ¿Por qué? Porque Tolstoi, Chéjov, Dostoievski y Gorki eran gente auténtica que nunca se dejaría influir. Si te muestras íntegro al escribir sobre personajes malvados, en vez de superior y mezquino, inclusive la gente mezquina te lo agradecerá.

Nunca me ofendería ser descrita por Chéjov, aún cuando la descripción resultara desagradable; por el contrario, intentaría ser mejor. Pero si lo hicieran Sinclair Lewis o H. L. Menken, los demandaría por difamación. Por ejemplo, T. E. Lawrence escribió *Los siete pilares de la sabiduría.* Es el trabajo de un genio. Durante mucho tiempo, ha pasado inadvertida la belleza de sus escritos en inglés. Pienso que es a causa de la "Tercera Dimensión", la gran personalidad que hay "detrás" de Lawrence. En vez de haber vivido una vida tranquila, dedicada sólo a la literatura, cultivando la prosa y el estilo rebuscado, vivió una vida llena de angustia y con un sentido extraordinario del honor. Su libro está mejor escrito que los de los escritores de hace un siglo.

Lawrence me parece un inglés del Renacimiento y su escritura tiene la misma calidad. Mi teoría al respecto es la siguiente: en el Renacimiento, la gente creía que la personalidad era lo más importante y no las ideas o trabajos del hombre. Éste debía ser lo que designaban "el hombre universal", un hombre completo. Es decir, se suponía que un hombre de acción también poseía alma, era tierno, delicado, con sensibilidad estética, hermoso, capaz de escribir poesía, componer música y pintar. Un sabio o filósofo no podía dedicarse sólo a estudiar ya emitir profundos discursos, sino que también debía tener un aspecto atlético y ser valiente como un soldado. En aquella época, la mujer debía ser culta y bella (ambas cosas a la vez y no sólo una de ellas).[64]

Sin embargo, ahora decimos de los hombres: "No debéis tener en cuenta su personalidad, sino sus ideas."

Creo, como Sócrates, Miguel Ángel y otros muchos, que las ideas de una personalidad poco franca no son buenas, sino corruptas. Y lo más importante de todo: si alguien tiene buenas ideas, pero él, como persona, no es bueno, no se producirá el contagio. Nadie se sentirá atraído por las mismas, ni mucho menos se sentirá empujado a cambiar.

---

64 Aunque creo que las mujeres, para ser físicamente completas, también deben ser fuertes y ágiles.

Capítulo XIV

*Conserva un diario desordenado,
espontáneo y honesto*

Os voy a explicar una verdad indiscutible: todo lo que escribáis[65] revelará vuestra personalidad, y todo lo que seáis se verá en vuestra escritura. Lo mismo pasa con la pintura. Ya lo dijo hace muchos años Leonardo da Vinci quien afirmó que el alma de un hombre (intensamente creativo) queda irradiada en sus obras, del mismo modo que si un pintor pinta un retrato, siempre se parecerá tanto a él como al modelo. Para evidenciarlo comprad unas pinturas y dibujad algo: ya lo veréis. Asistía a clase una mujer joven, con un espeso y brillante cabello largo, claros y perspicaces ojos verdes, voz profunda y volátil y risa de cantante. Vestía ropa elegante y su mirada era tan gallarda como la de un cosaco. En su primer intento escribió esto:

"Estaba sentada en el coche, al lado de él. -Por vacaciones, cuando el colegio se queda vacío –le dijo-, mi padre nos trae a la casa de campo.

-¿Cómo es que le han instalado en Sand Lake? -le preguntó.

-Con la llegada del New Deal -explicó él-, me inscribí en trabajos de conservación y después de años y años en el Servicio Forestal de Estados Unidos me nombraron superintendente de campo.

-¡Qué maravilla! -dijo elogiosamente-. Cuénteme más cosas sobre el campamento -le pidió-o ¿Qué otras actividades hay además de las de rutina?

-De vez en cuando -le informó-, celebramos espectáculos diferentes financiados por organizaciones cívicas –y, agregó-: Pronto organizaremos un festival con baile. ¿Le gustaría venir?

---

65 Me refiero a cuando aprendáis a escribir libremente y con la verdad por delante, y no como los profesores os dicen que debéis hacerlo.

Sus ojos negros brillaron mientras respondía, entusiasmada:

-¡Oh, gracias, me encantaría!

Kemp se alegró. Le gustaba esa jovencita fresca y saludable. Estaban cerca de la ciudad donde vivían los Cardoso y condujo el coche alrededor de la calle donde se hallaba la casa de Addie. Se detuvo enfrente de la misma y ayudó a sacar las maletas. Una y otra vez el avivado grupo daba las gracias a su salvador. Éste les sonreía generosamente. Sus dientes blancos contrastaban con su tez morena.[66]

Addie se giró saludándole mientras se iba y sintió en su corazón que ella y ese agradable compañero iban a pasar juntos muchos días felices.

Pues bien: sólo con mirarla, supe que su escritura *podía ser mejor*. Al hacerlo me di cuenta de que era buena porque su personaje se parecía a ella: una chica alegre y guapa de naturaleza vital. De hecho, cuando acabé de leer el relato en voz alta, me di cuenta de que ella lo había pasado mal, pues lo había escrito en serio, con el objetivo de lograr una historia interesante desde el punto de vista literario.

Con el tiempo, logró escribir tan bien como yo esperaba de ella. En el papel había más de su verdadero yo. Si queréis escribir la verdad, lo que sentís, y contarlo de un modo directo, apartando cualquier tipo de prudencias o de intencionalidad,[67] narrad veinte historias más y escribid un genuino, desordenado, impulsivo y sincero diario. Si lo hacéis así durante todos los días de vuestra vida, con el tiempo escribiréis desde vuestro yo verdadero no sólo en vuestras cartas y diarios, sino también en la ficción. "Una

---

66 Le dije que era un bonito texto. Algo me decía que ella realmente veía a sus personajes cuando describía la escena. Podía observar los rasgos físicos más característicos en los demás y describirlos en una sola frase.

67 Pensarnos que los hipócritas pretenden ser corno palomitas. Pero ellos también pueden ser águilas y leones.

mentira es inclusive más molesta en una historia que en una conversación", decía Chéjov. Quizás os pueda explicar rigurosamente lo que esto quiere decir.

En cierta ocasión, una de mis alumnas describió a un hombre joven, su héroe, diciendo: "Sus músculos se hinchaban en su espalda." Me volví hacia ella y le dije: "¿Estás segura de que se hinchaban? A menudo lo hacen en la ficción, pero ¿lo has visto alguna vez? ¿Puedes decirme cómo es?". Y dijo francamente: "Sí. Puedo. Y se hinchaban. Sus hombros eran muy grandes y parecía que iban a estallar a través de las costuras del abrigo."

"Bueno", dije, "escribe lo que me acabas de contar. Es una excelente y detallada descripción gráfica."

Cuando en la ficción decís: "inclinó su cabeza avergonzado" o "apretó la silla hasta que sus nudillos se volvieron blancos", no parece real. Cuando escribáis cosas de este tipo sobre un personaje, preguntaos: "¿De verdad hizo esto? ¿He visto a alguien de este modo? Si es así y, en efecto, veis a este personaje, hacedlo: escribidlo. Si existe sinceridad en vuestra percepción, sonará bien."

Cuando hayáis escrito una historia y, pasado un tiempo, deseéis escribirla de nuevo para que resulte más evidente, no utilicéis palabras "mejores", sólo intentad ver mejor a la gente, porque todavía no la habéis imaginado con la suficiente profundidad. Ved lo que hicieron, cómo eran y cómo sentían. Entonces, escribid. Cuando por fin podáis verlos con claridad, escribir os resultará sencillo.

Lo más importante es que vosotros descubráis "la verdad". Insisto en lo de "vosotros". No importan lo destacado que hayáis obtenido en la asignatura de lengua; os enfrentáis a una larga y dura disciplina que exige meditación.

Dostoievski dijo que el modo de salir con éxito de la prueba pasa por no mentirnos nunca a nosotros mismos. ¿Qué es lo que de verdad amamos y nos preocupa? ¿Quiénes somos? Una de las peores mentiras que la gente se dice a sí misma es que no poseen talento ni nada importante que decir.

No temáis escribir malos relatos, pues os enseñarán muchas cosas de vosotros mismos, de vuestra visión de las cosas, de vuestro gusto y de lo que de verdad os preocupa. Si escribís una mala historia, la forma de mejorarla será escribiendo tres más. Cuando las comparéis con la primera os daréis cuenta de que habéis crecido en conocimiento y sinceridad. Por eso creo que es bueno escribir un diario. No me refiero, por supuesto, a un diario de vuestros quehaceres, sino a que reflejéis cada día, o lo más a menudo posible, sinceramente, vuestros pensamientos, o lo que hayáis sentido y visto el día anterior. Releedlo al cabo de seis meses. Tendréis un cajón lleno de papeles y allí donde hayáis escrito con mayor libertad, habrá fuerza y belleza. Si sois descuidadas y escribís en trozos de papel lo más rápido posible, no tendréis tiempo de resultar aburridas. El secreto de ser interesante es moverse con tanta rapidez como la mente del lector. Autor y receptor deben caminar juntos, mantener el mismo *tempo*. Por eso es bueno leer en voz alta lo que escribís y cuando vuestra voz vaya terminándose, cortar por lo sano.

Pasa como cuando escucháis a un político: "Sí, sí", pensáis impacientemente a medida que su voz os machaca, "la democracia", ya sé de lo que me hablas y también hacia dónde me quieres llevar. Dentro de quince minutos, dirás que la democracia es buena. Poco a poco dejaréis de escuchar esa martilleante voz llena de locuacidad, pues el interés que suscita en vosotros el conferenciante es artificial, y os pondréis a pensar en otras cosas bostezando y queriendo que se acabe.

Sin embargo, cuando os interesa una conferencia o un escrito, no os perdéis ni un solo segundo y esperáis cada frase y nueva idea con ambición. Cuando hace unos años estaba en la plantilla de una revista y me ponía a trabajar en un artículo, escribía diligentemente diez o doce páginas. Me di cuenta

Si quieres escribir

de que sólo había explicado elaborada y primorosamente lo que otros ya sabían. Entonces, con un suspiro, como queriéndome desembarazar de un gran peso, me dije enojada conmigo misma: "A ver, ¿qué demonios quieres decir?" "Esas mujeres están muy gordas", me contestó mi verdadero yo[68] de inmediato. "Entonces escríbelo." Y así lo hice, con un resultado sublime.

Si en vuestro diario escribís rápido, como si vomitarais vuestros pensamientos sobre el papel,[69] hablaréis sólo de los asuntos que os interesan. Saltaréis de un punto a otro, dejando de lado explicaciones recargadas.

Si dudáis u os aburrís al escribir una sola palabra, frase o página, no continuéis: algo no funciona. Vuestro verdadero "yo" no está hablando. Si lo que estáis escribiendo os aburre a vosotros, también aburrirá a los demás. Yo he guardado este desarreglado e irreflexivo diario, aunque sincero, durante muchos años. He seguido escribiendo en él a veces con gran detalle y exactitud. Revelo cosas terribles de mí misma (que ni yo sabía) así como cosas estupendas. Me ha servido de gran ayuda, y me ha enseñado que escribir es como pensar, hablar con el papel. Cuanto más impulsiva e inmediata es la escritura, más inmediata se halla al pensamiento.

Durante años, consideré que la escritura de este diario era una de las cosas más aburridas y horribles que nunca

---

68 El verdadero yo es realmente la conciencia (o inspiración divina). Tu razón puede debatir o argumentar algo contigo: "Por una parte, si hago esto será bueno y constituirá una ayuda en el largo camino. Me dicen que es algo natural, y puede que realmente necesite hacer esto en mi vida", etcétera. Pero al final tú le preguntas a la conciencia lo siguiente: "¿Qué puedo hacer?" "Vete a casa y métete en la cama", te dice rápida como un disparo. Pero recuerda que no me refiero a la conciencia moral o convencional, o a la "pequeña voz que te dice lo que los demás harían". Ese tipo de conciencia te diría que fueras un ciudadano sumiso y cumplidor padre de familia, mientras
que tu verdadera conciencia te diría que te dedicaras, por ejemplo a viajar, que sólo en eso está la verdad y una vida más intrépida y grande.

69 Éste es un recurso que os ayudará a encontrar vuestro verdadero yo. Cuando veáis lo llenos de talento que estáis, podréis escribir tan despacio como queráis.

hice (pensamiento que he mantenido sin duda y con un ego decidido), pero ahora creo que me ha enseñado mucho acerca de lo que soy, de lo que debo dejar de lado y de lo que tengo que respetar y querer de mi persona. A continuación citaré literalmente algunas notas de ese diario: quiero enseñaros que las cosas escritas en cinco minutos son interesantes y buenas. Puedo escribir a máquina casi tan rápido como pienso, y esto también ayuda: hace posible que surja a la superficie el pensamiento involuntario. He aquí las partes más atrayentes de mi diario. Hay mucha palabrería (sobre mis digestiones, sobre largas y pesadas luchas anímicas, que incluso me siguen cansando ahora). Sí, hay material de auto observación muy aburrido. Pero esto es lo bueno de un diario, y ahora ya no me importa tanto volver a leerlo, a pesar de la combinación de párrafos inexpresivos con otros más brillantes.

Miércoles, 6 de febrero de 1936

La Universidad. La señorita N, esa pobre y estúpida intelectual. Tanto la señora G como yo no aguantamos oírla hablar; tampoco gusta a los chicos del Medio Oeste... "ya sabes, como una especie de soldado o una letrina..." Mientras habla, muestra sus largas manos con uñas cilíndricas media pulgada más largas que los dedos afilados, las desliza por el grasiento cuello del vestido azul oscuro. Cuando se pone de pie se estira la falda. Su cabello baja por el cuello y en la cabeza lleva adornos sucios. Una bonita cara de belleza victoriana, blancos dientes y suaves ojos grises. El busto, caído; el cuello largo, y un cuerpo que se va estrechando en la cintura como si fuera una botella. Piernas gordas y pies con zapatos de tacón que caminan galopando.

15 de marzo de 1935

Ayer me fui a pasear antes de cenar (debo hacerlo cada día. Andar cuando uno se siente vacío, hambriento y ágil es toda una experiencia: se puede escuchar el viento con esa sensación de "ser" transparente y limpio). He mantenido discusiones interesantes sobre temas religiosos con George, Jim y Joe Beach; estaban todos en contra de mí. Todos son, y me parece muy bien, ateos, materialistas... y cordiales, generosos, pero sin religión. Toda su pasión es algo negativo (indignación, mal y desamor), indignación contra la escala de valores, W. R. Hearst, políticos corruptos. Su mayor ambición, el goce. La buena vida es para ellos comodidad, buenos amigos, hijos y amables esposas... Pero para los religiosos (me encantaría ser uno de ellos), la ambición radica en la gloria y el fuego, el poderoso viento, la música salvaje, por ejemplo, Blake, Scrabin, John Fox, Bach, Shelley, Thomas More, Milton, Nietzsche, Tolstoi, etcétera. Los que no poseen religión son criaturas llenas de dudas que van de un lado a otro tratando de pacientemente hacer bien las cosas, cuidando a sus hijos, siendo amables y justos con todos, ganando los casos legales, etcétera, pero no pueden hacer "más" que esto. El alma, dice Platón, es algo que se auto creó... el Primer Movimiento Inamovible. Los que poseen religión (verdadera religión, no ortodoxa) son brillantes y mucho más que meramente buenos. Bueno, así discutíamos... todo comenzó cuando leí a Jung.

20 de enero de 1935

Me levanto a las siete y a las siete y media es la boda de Mari en este apagado, débil y blanco día nevado. La temprana y querida luz, casi sombría, el mundo es tan suavemente blanco como el armiño... La torre de la pequeña iglesia... sobre los caminos nevados, el oscuro altar alumbrado con un débil destello, salpicado de velas... El sacerdote con su túnica blanca de satén, los ministros almidonados y con lazos rojos (tres de ellos son morenos). Arrodillados, haciendo sonar las campanas, arrodillados, con las rodillas dobladas y ocupados con sus vestidos, sacudiendo sus zapatos desabrochados... y Mari y su novio, y otros dos arrodillados enfrente.

Una ceremonia larga, larga, media hora y más... al final, el sacerdote abre la puerta dorada al grial...

Es una buena descripción. La leo ahora y me sorprendo y exalto en mi interior. Si escribís un diario, estaréis contentos y sorprendidos con vosotros mismos, porque todo el mundo ve y siente cosas de forma vívida, pero estas sensaciones se apagan o se pierden antes de ser forjadas en un papel. En mi diario hablo con frecuencia del acto de escribir.

5 de noviembre de 1935
Mi agente me ha devuelto la única historia mía que tenía. La escribí el pasado invierno. Le eché un vistazo. Era horrible. Cada concepto, cada ofensa, cada objeto estudiado estaba recogido allí. .. Cuando la leí otra vez me di cuenta de que era un trabajo tonto. Ahora tenía tiempo para leerla y sabía que podía escribir algo mejor. Pero no se debería permitir tanta tolerancia. Hay cosas graciosas que contar y muy interesantes.

12 de julio de 1934
Me parece que es mi vanidad la que me hace escribir mal y avergonzarme de que la gente pueda ver lo que hago. Esto ensombrece mi escritura y mi capacidad de observación. Pasa lo mismo cuando escucho música; si suprimo el pensamiento egocéntrico, entonces comienzo a escuchar la música de otro modo y la entiendo mejor; si hago lo mismo cuando hablo con la gente, entonces entiendo mejor todo lo que dicen y voy mucho más allá de sus palabras. Pero son experiencias, experiencias, teoría, teoría. Puedo seguir diciendo boberías.

18 de diciembre de 1936
Lo que me explicó M sobre tener un "talento pobre" no me hizo sentir del todo melancólica, y eso que me dijo que esperaba demasiado de mí misma y que no disfrutaba de mi trabajo; que me afecta demasiado cuando éste es malo, y que soy minuciosa en exceso, por lo que sufro mucho y describo las cosas minuciosa y desordenadamente. Ahora no es que no crea en el trabajo, pero considero que uno tiene derecho a *entretenerse* mucho en algo, sin que los demás lo consideren

loco -lo cual es, por supuesto, una equivocación- Le respondí a M (y ella no me entendió) lo que me repito muchos días a mí misma: "Puede que no poseas mucha habilidad, pero la que tienes, consérvala y muéstrala. Sé simple: trabaja incluso si piensas que no hay palabras de más de una sílaba, hazlo lo mejor que puedas y aprende escribiendo *mucho, mucho,* a pesar de las imperfecciones."

Es como Francesca, que no aprendió bien los quehaceres de una granja, después de meses de práctica, pero, a cambio, nos encantó con sus conciertos y con su entusiasmo por toda la música de Beethoven, Bach, etcétera. En el interior de cada uno de nosotros siempre aparece el ineludible impulso hacia la perfección; este impulso va más allá de lo que somos capaces de conseguir. Por lo tanto, no tiene ningún sentido ser demasiado minucioso con los detalles, sobre todo si ello viene causado por algún tipo de miedo. Si se trabaja para alcanzar la verdad, saldrá todo bien. Sólo el trabajo y el sentimiento nos aportarán eso: la perfección que existe dentro de nosotros mismos.

Sí, escribiendo un diario estoy convencida de que he aprendido muchas cosas. Pero no creo que el proceso de aprendizaje hubiera ido tan bien por el hecho de escribir el diario en sí, sino por haber escrito *mis vivencias de cada día.* Y es por eso por lo que, si queréis escribir, debéis tratar vosotros también de plasmar vuestras vivencias en un diario.

Capítulo XV

*No sabemos que poseemos
una inagotable fuente de ideas*

Otra buena razón para escribir un diario es descubrir que poseéis una inagotable fuente de ideas. Lavater dijo: "No existe talento suficiente que pueda cansar a un genio." Ningún ser humano, mientras está vivo, puede cansarse de su incesante y cambiante torrente de ideas. Para escribir con alegría y autoconfianza, debéis descubrir lo que hay en vosotros, una fuente inagotable de imaginación y conocimiento. Podemos pensar de nosotros mismos que es nuestro cerebro, ayudado por algo de café caliente, quien es capaz de arrojar nuevas ideas. Pero para escribir hábilmente y desde el verdadero yo, debéis ver que el elemento fundamental se esconde en vuestro interior, y es esa fuente inagotable de imaginación y conocimiento.

En uno de los diálogos de Platón, *El Meno,* Sócrates habla a un joven aristócrata tracia llamado Meno y discuten si todo se puede enseñar, es decir, si la persona a la que se le enseña puede aprender algo nuevo o sólo compendiar lo que ya sabía, lo que su alma había aprendido en estadios previos de su vida. Sócrates llamó al niño esclavo de Meno, un niño que no había ido a la escuela.

"Escucha ahora, Meno", dijo Sócrates, "las preguntas que le hago y observa si aprende de mí, o sólo recuerda... Dime si sabes que una figura como ésta es un cuadrado" (Sócrates dibujó uno).

CHICO: Sí.

SÓCRATES: ¿Y también sabes que un cuadrado está constituido por cuatro líneas iguales?

CHICO. Desde luego.

SÓCRATES: ¿Y que estas líneas que he dibujado en el centro del cuadrado también son equivalentes?

CHICO: Por supuesto. Sócrates siguió haciéndole

preguntas al chico, dibujando figuras en la pizarra mientras hablaba. "Mira, Meno", le dijo, "que no le estoy enseñando nada al chico, que sólo le estoy preguntando."

Y Sócrates continuó con sus preguntas:

"¿Cuántos espacios hay en esta sección?"

CHICO: Cuatro.

SÓCRATES: ¿Y cuántos en ésta?

CHICO: Dos.

SÓCRATES: Y cuatro, ¿cuántas veces es dos?

CHICO: Dos veces.

SÓCRATES: Y este espacio, ¿de cuántos centímetros es?

CHICO: De cuatro centímetros.

SÓCRATES: ¿Y a partir de qué línea tienes esta figura?

CHICO: A partir de ésta.

Y al poco rato, Sócrates aseveró:

"Ésta es la línea que la gente culta denomina diagonal. Y si éste es el nombre correcto, entonces tú, esclavo de Meno, ¿estás preparado para afirmar que el doble espacio es el cuadrado de la diagonal?"

CHICO: Desde luego.

"Bien", le dice Sócrates a Meno. "¿Qué te parece? Yo no le dije las respuestas, sólo le pregunté. Luego ya lo debía de saber antes. Todo ese conocimiento estaba dentro de él."

Del mismo modo hay muchas ideas en todos nosotros, pero no lo sabemos. Nadie nos ha preguntado, a no ser que hayamos tenido la suerte de conocer a gente inteligente e imaginativa que nos animara a creer en nosotros escuchándonos, queriéndonos, riendo con nosotros. (Todo el mundo sabe que quien ríe con facilidad contagia su risa, y nos hace pensar en cosas más alegres.)

Debéis ser conscientes de la riqueza que guardáis dentro de vosotros mismos y creer en ella para llegar a escribir con nobleza y autoconfianza. Una vez que os hayáis dado cuenta de ello, tened fe y funcionará. Es como si alguna vez tuvierais un millón de dólares en el banco. ¿De qué os servirían si no sois conscientes de su existencia? En algunas revistas para las que he trabajado, varios de mis colaboradores no eran escritores profesionales.[70] Sus artículos acumulaban los recuerdos que guardaban de algunos personajes importantes, como presidentes, generales, etcétera.

Así podía comenzar el texto de uno de estos colaboradores: "La mujer del gran estadista, la señora K, era una noble anfitriona y derrochaba su simpatía entreteniendo a las personas más interesantes que se hallaban en Washington aquel año." Como podéis ver, estas líneas son frías y pobres y no estimulan a seguir leyendo. Entonces, yo me detenía en este punto y le hacía las siguientes preguntas a mi colaborador: "¿Cómo era ella? ¿En qué destacaba?" La cara de mi colaborador se iluminaba de pronto, con un interés insólito, con inteligencia y excitación, y entonces le fluían ansiosamente las ideas, que expresaba así: "Era impulsiva, fascinante. Hacía olvidar el aburrimiento. Tenía las cejas negras y arqueadas y una cara enrojecida por la presión sanguínea. Caminaba con un traje ajustado; de este modo, mantenía su peso a raya. Era generosa y nada esnob, y no aguantaba la estupidez. Sus ojos parecían dos brasas. Su marido solía seguirla por toda la casa e iba apagando las luces que ella se dejaba encendidas. "Tienes razón, Eddie", le decía. "Apágalas todas. Así podrás ahorrar mucho dinero." En el fondo, él le tenía miedo de su reacción y prefería estar fuera de casa."

Podéis ver lo bien que habría escrito si hubiera contado estos detalles desde el principio Ésta es otra razón del porqué <u>vuestra</u> brillante imaginación no se puede escapar a la hora

---

70 Generalmente, cuanto más alto es el nivel de estudios, peor escriben las personas. La gente sencilla, menos educada, siempre suele tener algo inmediato, algo poético, sus propios sentimientos verdaderos para plasmarlos sobre el papel.

de escribir: Suponed, por ejemplo, que tenéis que escribir un artículo cuyo título sea: "La industria maderera en el estado de Minnesota" -o algo parecido-o Pues bien: nunca os dejéis influir por el pensamiento de que no sois capaces de contar nada interesante. Si superáis el miedo a fracasar, es decir, a parecer aburridos y poco interesantes, empezarán a fluir las ideas que se convertirán en buenas oraciones gramaticales. Cuando os bloqueáis, os parece terrible la obligación de enfrentaros a todo ese material imperfecto y confuso y lograr escribir una serie de frases coherentes. Es ese temor, esa consciencia del *trabajo que os espera* el que hace que os sintáis aburridos, cansados y confundidos. Entonces os ponéis a escribir como si estuvierais sufriendo una agonía, e inevitablemente separáis de vuestra mente todos los pensamientos brillantes y verdaderos que contienen variedad y riqueza y acabáis por escribir una prosa aburrida.

En vez de trabajar de este modo, podéis tratar de seguir el método que describiré a continuación:

Estaba en casa de mi hermana en Nueva York; su hija de catorce años se hallaba presionada por la proximidad de los exámenes y porque tenía que entregar varios trabajos. Lo que más le preocupaba era un tema que tenía que presentar por escrito sobre Thoreau. Parece que Robert Louis Stevenson había dicho de Thoreau que éste odiaba "el contacto con el mundo, lo cual era espantoso." Los alumnos tenían que decir si estaban de acuerdo o no con Stevenson y por qué. Carlota (mi sobrina) admiraba mucho a Thoreau y no soportaba que Stevenson hubiera hecho tales comentarios. Entonces me di cuenta de que, como sentía pasión por el tema, podía escribir un deslumbrante comentario.

Le dije:

"Vamos juntas a tu habitación y tendremos tu trabajo escrito en veinte minutos. Conseguirás obtener un sobresaliente."

Lo que sigue es el diálogo que tuvimos. Yo anotaba en un papel borrador de color amarillo cada palabra que me iba diciendo, inclusive las expresiones como: "oh, espera."

• • •

R. L. Stevenson dijo: "He aquí algo impropio de un hombre valiente, algo a lo que no mueven el ardor ni la libertad, el temor a estar en contacto con el mundo. En una palabra,

Thoreau fue un fugitivo."

YO: Bien, ¿quién era realmente? ¿Por qué te gustaba?

CARLOTA: Déjame pensar. ¿Quién era él? Me interesaba porque creo que era original y hacía lo que le gustaba, y tenía valor para hacer las cosas que él quería a pesar de lo que los demás dijeran de él, y no se dejaba arrastrar por los convencionalismos. Creo que esto de que todas las personas estén a la defensiva y digan que algo les gusta porque gusta a todo el mundo, como si fueran sumisos, no tiene fundamento y me parece una tontería.

YO: ¿Por qué?

CARLOTA: Bien, porque creo que no es preciso que los demás consideren correctas nuestras ideas y nuestra forma de actuar.

YO: ¿Qué quieres decir?

CARLOTA. Me refiero a que los sumisos son los cobardes, mientras que los que van sueltos, los descaminados, al menos persiguen algo; por eso deben ser admirados. Fíjate en la historia.

YO: ¿En qué momento de la historia? ¿A qué te refieres?

CARLOTA. Bien, Andrew Jackson fue mejor que Grant. Eso es cierto, porque Jackson tuvo sus propias opiniones, mientras que Grant trataba de contentar a otros a cada momento.

YO: ¿Dónde vivió Thoreau?

CARLOTA. En Walden. Lo hemos estudiado hace poco. Allí es adonde se trasladó, a los bosques, y construyó una pequeña casa y sobrevivió prácticamente con nada, con poco dinero, manteniéndose al margen... Era un hombre práctico.

YO: ¿Qué quieres decir?

CARLOTA: Que construyó su propia casa y consiguió su propia comida y la cocinó de manera muy sencilla, y trabajó poco, apenas lo suficiente para ganar el dinero necesario para subsistir. Además, hizo lo que le gustaba. Trabajaba seis meses al año y en lo que le gustaba.

YO: ¿En qué?

CARLOTA. Era topógrafo. El resto del tiempo se lo pasaba caminando y estudiando la naturaleza.

YO: Pues "estudiando»" suena a trabajo.

CARLOTA: Oh, pero lo hacía para disfrutar, no por el bien del género humano. No le importaba lo que los demás pudieran pensar o querer. En efecto, él disfrutaba alborotando a todo el mundo. En Concord, se había dedicado a caminar mientras la gente permanecía en la iglesia, sólo para señalarles que no estaba haciendo nada y que no le importaba lo que pudieran pensar de él.

YO: ¿Crees que le gustaba la gente?

CARLOTA: Pienso que quería el contacto con los animales. No creo que odiara a la gente, simplemente, quería ser independiente. Para él, no era preciso ayudar a nadie más. Pensaba que los demás podían continuar perfectamente sin él.

YO: ¿Qué aspecto crees que tenía?

CARLOTA: Creo que era un hombre atractivo.

YO: ¿Estaba casado?

CARLOTA. Nunca se casó, no quería asumir ninguna responsabilidad... de ninguna clase.

YO: ¿Qué me dices sobre su opinión respecto a temas como la esclavitud? ¿Tomó partido en un argumento como ése?

CARLOTA. Sí. Pensaba que era un error, pero que faltaba por recorrer un largo camino para evitarlo.

YO: ¿Era bueno con los animales?

CARLOTA: Sí, más que bueno, asombroso. Si un perro o

un cerdo se perdían, se pasaba los días tratando de hallarlos para devolvérselos a sus dueños, pero sólo si sabía que el dueño los trataba bien.

YO: ¿Adoptó a algún niño?

CARLOTA: Creo que lo habría hecho si lo hubiera hallado. Su filosofía de vida era que todo el mundo debía cuidarse de sí mismo. Pero él se hubiera hecho cargo de un niño, igual que se ocupaba de los animales.

YO: ¿Cómo vivió?

CARLOTA. Dormía afuera mientras se estaba construyendo la casa y luego dormía dentro, en una habitación bonita y confortable, nada ostentosa, con una buena cama y nada más.

YO: ¿Era de Nueva Inglaterra?

CARLOTA. Me parece que sí.

YO: Hace unos días tu padre fue al campo y escuché cómo hablabas con tu madre sobre Thoreau. ¿Cómo fue eso? ¿Qué le estabas diciendo?

CARLOTA: Mi padre quería ir al campo a pasar el fin de semana y yo pensé que debía ir con él porque él así lo habría preferido. Pero yo quería estar en la ciudad e ir al cine. Mi madre me dijo que me decidiera y le respondí: "Bien, sé lo que Thoreau habría hecho... Se habría ido al cine."

YO: Pero Thoreau era un apasionado del campo, ¿no es así?

CARLOTA. Ya lo sé. Pero él habría hecho lo mejor para *él,* porque no buscaba satisfacer a sus conocidos y personas más cercanas, sino a *él mismo...* Creo que Thoreau habría ido al cine, y así lo hice.

YO: Ahora volvamos a lo que Stevenson escribió sobre él. ¿Qué quería decir con que no era "valiente"?

CARLOTA. Sí, de acuerdo. ¿Qué quería decir con que no era "valiente"? Pues quería decir simplemente, que era un cobarde. Stevenson le llamó cobarde. Pero él no lo era, porque poseía la fuerza suficiente como para hacer todo aquello que pensara que era lo mejor. Para Stevenson, el hecho es que el alcance de su cobardía afectó a los demás; pero piensa en el mundo, mira a tu alrededor y fíjate en que todo el mundo hace siempre lo que los demás quieren que haga.

YO: ¿Qué pensaba sobre la generosidad?

CARLOTA: Bien, ¿qué puede haber de bueno en que tú estés siempre haciendo lo que los demás quieren que hagas? Si te opones, pueden llegar a odiarte... La generosidad es una proposición muy distinta.

YO: ¿Qué es?

CARLOTA: Pues...

YO: Quizá será mejor que nos mantengamos fieles a Thoreau y su forma de ser independiente y de hacer lo que otros no aprobaban...

CARLOTA: Bien, yo misma nunca he hecho nada cuando los demás se oponían. Puede que alguna vez haya hecho algo, pero no lo recuerdo. ¡Y me gustaría! La persona más cobarde que pueda existir es justamente aquella que siempre intentará contentar a todo el mundo y se molestará si alguien reprocha sus acciones.

YO: Creo que tienes razón. Ahora veamos. Stevenson dice: "algo a lo que no mueven el ardor ni la libertad."

CARLOTA: Pues me parece que es lo que Thoreau hizo: él se sentía muy libre y enérgico. Siempre se confiaba de sus impulsos; por eso se sentía libre. Creo que Stevenson no sabe lo que dice cuando habla de "algo a lo que no mueven el ardor ni la libertad."

YO: ¿Y qué opinas sobre que "teme a estar en contacto con el mundo"?

CARLOTA: Se refiere a que su vida en Walden era una experiencia, algo así como un negocio para él, del que sacó mucho partido.

YO: ¿Dónde había trabajado?

CARLOTA: Había trabajado para sus padres. Ellos habían

abierto una fábrica de lápices. Y cada vez que la fábrica se reubicaba a otro lugar, él se mudaba con su familia. Ya se había acostumbrado al éxito, a la vida acomodada, como lo hubiera hecho cualquier hombre. Pero éste no era su camino; tenía que decidir lo que más le gustaba y lo que sería mejor para él.

YO: No parecía tener miedo a la soledad. ¿Qué crees tú?

CARLOTA: ¡Es una buena idea! Agregaremos esto también, porque la mayoría de la gente tiene miedo a la soledad. Todas las chicas que conozco, todas las personas, se sienten cómodas entre la multitud, en cualquier lugar cálido y agradable donde haya gente. Porque ésta es la cosa más terrible para la mayoría de nosotros: estar solos durante mucho tiempo...

Sin embargo, él, en cierta forma, no era del todo un fugitivo, sino un hombre valiente que tomó esa decisión pues pensaba que se iba a sentir mejor. No era esclavo de nadie... Creo que eso es todo... ¡Ah! Olvidé indicar algo que hizo cuando estaba lejos de los bosques: escribir.

YO: ¿Qué escribía?

CARLOTA: Bien, escribió varios libros, no muy importantes. Por lo tanto, ya hacía algún trabajo... Comía alimentos poco sanos, pero eso nunca le preocupó.

YO: ¿Qué tipo de comida?

CARLOTA: Mucho pan y poca cosa más. Decía que no veía la necesidad de comer carne o verduras caras... Bien, eso es todo. Es más que suficiente.

• • •

Carlota tomó las cinco páginas que yo había escrito con sus propias palabras. Reordenó los párrafos y arregló algo. Para evitar imprecisiones y términos inexactos, fue sustituyendo aquí y allá unas palabras por otras hasta que las frases le sonaron mejor. Donde encontraba un pensamiento vago y torpemente expresado, lo suplantaba por otro más sencillo, expresado con mayor claridad y que significara más cosas. Pero un sorprendente número de sus frases originales eran correctas. La expresión involuntaria habría sido justamente la más efectiva, y eso no se podía mejorar.

Esta reescritura de su primer borrador se hizo en una hora. Fue una tarea placentera y atrayente; no hizo falta que Carlota se rompiese la cabeza. Y lo que escribió sobre Thoreau tuvo vida e interesó porque dijo exactamente lo que pensaba y lo que sentía, en parte gracias a que yo la había ayudado con mis preguntas. En este ejercicio obtuvo un sobresaliente. Vosotros también podéis tratar lo mismo cuando escribáis un artículo. No os preocupéis por el conjunto. Escribid la idea que se os ocurra en ese momento, sin miedo. Si lo hacéis así, seguro que vuestros pensamientos tendrán más coherencia y orden de lo que creéis.

Una mujer que conozco se sentaba en una habitación tranquila de su casa cada día y, mientras miraba el lago congelado, escribía lo que pasaba día tras día, qué decía su hija, su marido; explicaba los pequeños sucesos de su vida en común. Pasó sus escritos a máquina, en hojas amarillas, y se olvidó de ellos durante un año. Lo más curioso de todo es que, cuando se sentaba y escribía mirando el lago, se creía una tranquila mujer de mediana edad con una vida de lo más corriente. Pero un año después, al volver a mirar lo que había escrito, cuando ya no se sentía tan cercana a su escritura, como si se tratara de la de un extraño, se quedó extrañada. Casi no se podía creer que estuviera tan bien.

"Es muy bueno y está lleno de vida", me escribió. "Se podría convertir en una novela que yo llamaría *Un año,* aunque se extienda más allá. Mi gran sorpresa ha sido descubrir que, en vez de una existencia normal y tranquila, he tenido una vida apasionante y extraordinaria, y la imagen de mi pequeña hija es tan viva como una pintura de Goya."

Si quieres escribir

Como podéis considerar, lo que escribió contenía más de ella que su propia idea de sí misma, pero sabía lo maravillosa que era, aunque no se diera cuenta de ello.

Van Gogh escribió: "¡Quién pintara retratos como Claude Monet paisajes! Aunque ya me conformaría con ser Guy de Maupassant y disfrutar así de sus pinturas llenas de colorido y luz que irradian la felicidad de la gente... Sin embargo, a este pintor, que todavía es un desconocido, no me lo puedo imaginar viviendo en bares y trabajando sin una meta fija, como yo."

Chéjov supo de sí mismo que era un gran escritor. En otras palabras: Van Gogh, Chéjov y todos los grandes sabían interiormente que poseían algo. Poseían una convicción apasionada de su importancia, de la vida, del fuego, de Dios en ellos. Pero nunca estuvieron seguros de que los *demás* lo vieran, o que algún día llegara el reconocimiento. Lo importante es la confianza de que todo el mundo tiene esa riqueza interior, ese fuego. La tragedia es que muchas personas nunca llegan a exteriorizarla, o tratan de demostrar al mundo y a ellos mismos que la tienen, pero no con generosidad, sino de forma egoísta, por alguna razón secundaria como dinero, poder o publicidad. Pues bien: tenéis que lograr que vuestra riqueza interior se vea. Primero: porque es imposible que *no* poseáis talento creativo. Segundo: porque el único modo de que se acreciente es utilizándolo. Tercero: porque no podéis estar seguros de que no se trata de un *gran* talento.

Por eso creo que la actitud de Blake hacia su propio genio es la correcta. Todos deberíamos *sentir* como él. Conocía su fuego interno, creía en él y no dejó que nadie lo aboliera nunca. Blake no era prudente: "La prudencia es una muchacha fea, rica y maniática que nos incapacita", dijo. Sobre la moderación, la precaución, la medida y la comparación, declaró:

"Mi trabajo no consiste en razonar y comparar, sino en

141

crear." Odiaba la cobardía que se hacía pasar por modestia.[71]

El zorro, el topo, el escarabajo, el murciélago con dulce reserva, modestia se engordan. Blake escribió, dibujó y pintó lo que su Visión e Imaginación le mostraron con entusiasmo y alegría. Desechó y quemó algunas de sus composiciones porque decía que la fama en la Tierra rebajaba la riqueza espiritual. Sabía que a pesar de que los hombres de su tiempo no le prestaron mayor atención, su trabajo era grande e importante, y que para el Poder Eterno no había obrado en vano.

Mis propósitos inalterados permanecen,
el tiempo puede encolerizarse, pero la ira es en vano.
En las alturas, allá arriba, el Tiempo enturbia las fuentes,
en las grandes montañas del Atlántico,
en mi casa dorada en las alturas,
allí brillarán eternamente.

Esto es todo lo que os recomiendo que hagáis: trabajar y brillar eternamente.

---

71 Se refiere al cobarde que no actúa por miedo a equivocarse o a no obtener la aprobación general.

Capítulo XVI

Utilizar la imaginación

Me gustaría decir algo acerca del uso de la imaginación. Todos la poseemos, aunque algunas personas no lo crean. Cuando la gente escribe, trata de forzarla demasiado. Durante años estuve convencida de que utilizar la imaginación era una dificultosa y costosa tarea. Ahora sé que no es así. Lo difícil es superar la ansiedad y el miedo a resultar mediocre. Supongamos, por ejemplo, que alguien quiere relatar una historia. Se sienta delante de unas cuantas hojas en blanco y empieza: "John Johnson era..." Entonces nuestro escritor se da cuenta de que no sabe mucho de su personaje, de cómo es; llega el desánimo y el miedo a que tal vez no posea imaginación. Si no fuera por este miedo, el escritor seguiría intentándolo; trataría de ver a John Johnson con detalle, hasta que al final tuviera un claro retrato de él.

Pues bien: ahora sé que la imaginación se presenta y trabaja cuando *menos* te lo esperas, cuando se mantiene una peculiar *claridad pasiva*. Una escritora amiga mía sueña a menudo lo mismo: que llega una fila de gente desconocida, con caras y vestidos fascinantes y piensa: "¡Oh, ya vienen!", como si se tratase de un desfile para su propio goce. No se esfuerza, sólo se siente relajada. Creo que es así como los personajes de vuestras historias o novelas deberían presentarse ante vosotros y ante todo el mundo que desea escribir.

Tengo otra amiga, una joven sueca, mística y clarividente, que me dijo que tenía visiones como Blake: santos, arcángeles, héroes. Bastaba con que cerrara los ojos para que brotasen ante ella con mayor claridad y minuciosidad que si los viera con sus fugaces ojos mortales. Al igual que hacía Blake,[72] mi amiga escribía entonces cómo eran y qué decían.

Yo no puedo exponer en qué consistían sus visiones ni por qué las tenía, pero sé con toda certeza que si yo pudiera ver

---

72 Él llamó a este tipo de ojo "el órgano inmortal e imaginativo."

de ese modo, con esa imaginación, me sentiría escogida por Dios. Cuando le pregunté sobre ello, me dijo: "Si *racionalizo* lo que veo, no lo puedo hacer. No puedo intervenir lo que hacen o dicen los ángeles y los seres de mis apariciones. Así, si me digo: "Sólo ves cosas maravillosas. También deberá haber algo malo y feo", e *intento* verlo, no puedo controlar la aparición. Todo este poder de "ver a través" se esfuma."

Mozart también componía así. Éstas son sus palabras: "Cuando me hallo como si fuera "mi yo completo", solo y tranquilo (como cuando paseo después de una buena comida), o cuando no puedo dormir durante la noche, manan mis ideas con mayor facilidad. Por qué y cómo me llegan, no lo sé, pero sí sé que no las puedo forzar. Las ideas que me gustan las detengo en la memoria como me han enseñado a hacer. Si el proceso sigue, pronto juntaré una cosa con la otra, como si fuera a cocinar un buen plato, y terminaré componiendo con las normas del contrapunto y las peculiaridades de cada instrumento. Todo ello enciende mi alma y, si no me molestan, mi trabajo se amplía, hasta que llega a estar completo y acabado en mi mente. Entonces lo puedo examinar como se hace con una pintura o una escultura. El placer que me provee no os lo puedo describir. Todo este proceso de invención y producción se realiza como en un sueño vivo y placentero."

Nosotros no podemos ser como Mozart. Pero todos poseemos algo de él. Creo que no confiamos en nuestra imaginación ni la usamos lo suficiente. La autoconfianza es muy importante. Cuando escribáis una historia, sentías libres, dueños de vosotros mismos. Tratad de escribir historias de forma improvisada y ved el resultado. A veces daba a mis alumnas un pequeño argumento, sólo el esqueleto, y les decía que se sentasen a escribir la historia completa, libres y llenos de confianza en sí mismos. "Sentiros como cuando le contáis a un niño una gran mentira."

Los resultados fueron extraordinarios. Una amable

aristócrata escribió en pocos minutos una historia sobre una bailarina; el personaje se encontraba tan bien dibujado que la propia autora se quedó admirada de lo que había sido capaz de hacer. También dibujó el retrato de un hombre de negocios que sentía una gran exaltación por la genealogía y que le era infiel a su mujer. Esta amable y aristócrata señora nunca había conocido a ninguna bailarina, ni tampoco a ningún hombre de negocios infiel. Sin embargo, ahí estaban estos dos personajes creados en poco tiempo, aunque con naturalidad.

Intentadlo. Aprenderéis mucho sobre vuestras capacidades. Otra sugerencia que os podría ayudar la explico en los párrafos siguientes. He dicho que el Arte es generosidad, es decir, compartir nuestra obra con los demás, pero no para satisfacer nuestro ego, sino por el placer de que otras personas la disfruten. En una ocasión, estaba tocando el piano y un músico que oía lo que yo tocaba me dijo: "Así no vas a llegar a ninguna parte. Siempre tienes que tocar para *alguien*. Puede que para un río, para Dios o para alguien que esté muerto, pero tu música debe ir a algún sitio."

Por eso, cuando se escribe o se cuenta una historia, ayuda tener un espectador imaginario; así resultaréis más interesantes y convincentes. Ya debéis de saber que un espectador ayuda a crear y a dar un carácter específico a la historia. Pongamos por caso que estéis contando un cuento a varios niños. Automáticamente, cambiaréis el argumento, lo adaptaréis, lo acortaréis o alargaréis bajo la atenta mirada de vuestro joven público, de modo que se sientan atrapados por vuestra historia.

Haced lo mismo al escribir. Tenéis que atraer la atención de vuestra *audiencia* hasta el final, mucho más que si vuestro relato fuera oral, pues en este caso la gente tendría que ser cortés y escucharos, les gustase o no vuestra historia. El hecho de reconocer que el Arte, la Música y la Literatura son tareas compartidas, una corriente viva que pasa de creador a receptor, es totalmente esencial en el proceso creativo. El día en que descubrí esto se me aclararon muchas cosas que hasta entonces no comprendía.

Por ejemplo, el Arte por el Arte es un negocio. Hubo un tiempo en el que yo trataba de escribir algo siguiendo esta máxima. Sí, a veces cometía un atentado contra la pureza, adulteraba el Arte; podría haber sido totalmente insolente y orgullosa y no importarme si a los lectores les gustaba o no mi historia -¿qué me importaban los demás si me gustaba a mí?-. Bien, ¿por qué era tan torpe entonces? ¿Realmente lo que yo escribía podía considerarse "Arte puro"?

Ciertamente, una de las razones era que yo no tenía la humildad suficiente para querer interesar, entretener o contar a otros lo que pensaba. Llegué a convertirme en una escritora "por encargo", ya que creía que este tipo de literatura y arte era el más admirado, principalmente por las altas esferas de la sociedad.

Pero cuando uno se pone a pensar en ello, resulta que *La Ilíada,* los Salmos, las sagas, toda la gran literatura antigua tenía unos destinatarios, unos oyentes a los cuales se dirigían. Imaginad a Homero o a Dante de pie ante su audiencia tocando la lira y revelando su manera de pensar, felices por el hecho de que escucharles causara una corriente eléctrica que nadie podía sentir excepto ellos mismos.

Pienso que el problema de la escritura subjetiva radica en que no hay generosidad ni reciprocidad viva con el oyente. Chéjov le dio a su hermano los siguientes consejos sobre cómo escribir: "Existe una historia tuya en la que aparece una joven pareja sentada que se besa durante la comida y que habla groseramente. No hay ni una sola palabra sensible ni cuidada: *tú escribes para tu propia complacencia, y no para el lector.* Escribías porque esa conversación te encantaba... Subjetivamente es algo aterrador, porque traiciona a la mano del pobre escritor, que actúa impetuosamente. ¿Por qué no describías la comida? Cómo comían, qué comían, cómo estaban cocinados los alimentos, lo mediocre que era el protagonista, lo satisfecho que estaba de su empacho, lo ridículo que era el amor que sentía la protagonista por ese tieso y sobrealimentado ganso... Sabes expresar algo con burla; tu estilo no deja de ser rebuscado."

Ésta es la razón de que no podáis -lo sé por experiencia escribir un libro extenso, colmado de vuestros propios pensamientos, sacado de vuestras propias entrañas, creado en una mesa de operaciones en la que vosotros erais los pacientes. ¿A quién puede importarle? Además, si lo hacéis así, la Tercera Dimensión, hará que los lectores lleguen a la conclusión de que sois esnobs y egocéntricos, y de que no os importa nadie más que vosotros mismo. Entonces, cuando os lean, pensarán con un efecto de cansancio: "¿Por qué seguimos leyendo? No va a contarme nada. Habla sólo para sí mismo."

Capítulo XVII

> *Los tigres de la ira son más sabios*
> *que los caballos del orden*
> William Blake

Cuando le dije a un amigo mío, muy cumplidor, que este libro (al que llevaba dando vueltas desde hace mucho tiempo) debía estar terminado en una fecha exacta, me contestó: "¿Has planificado el libro? ¿Ya tienes el bosquejo?". Entonces, después de unos minutos de pánico y de gran ansiedad, le dije: *"¡No!* Desde luego que no lo he planificado. Nunca se me hubiera ocurrido tal cosa." Y existe una buena razón para ello: cuando se comienza a planificar un enorme edificio de palabras, tu corazón te falla. El trabajo es demasiado duro, nunca llegaría a hacerse por su complicación. Por lo tanto, no planifiquéis. Escribid lo primero que os venga a la mente; lo demás ya llegará. El río fluirá a través de vosotros. Tardé años en aprender esto. Hasta hace poco, yo misma había seguido todos los consejos que me daban, planificando mis historias, escribiendo un lógico y breve bosquejo y numerando los capítulos I, II, III, etc., con subtítulos a, b, c, etc. Pues bien: si yo hubiera empleado esas normas a este libro, probablemente no habríais llegado hasta esta página, pues al haber empleado un orden tan meticuloso como estéril, su contenido os habría resultado enormemente aburrido y falso. "¿No resultaría adecuado escribir esta cita de Confucio en el libro?" "Tal vez la podría meter despistadamente bajo el título de:"Pensamiento constructivo o cosas que un nuevo escritor debe evitar", o tal vez la podría entremezclar en este capítulo titulado "Cómo construir un argumento"."

Nunca planificaría un libro antes de escribirlo. Se escribe y después se planifica. Primero se escribe porque cada palabra debe surgir con libertad y sentido, porque creéis que es así y lo queréis escribir de esta forma. Si actuáis de esta manera, el libro tendrá vida propia. Cuidado: no quiero decir que vaya a tener éxito. A lo mejor sólo es útil para diez personas, pero por lo menos para éstas será un libro auténtico, interesante; les hablará, les ayudará a liberarse.

Por eso creo que los profesores de inglés y de los talleres de escritura de relatos breves ponen el carro antes que el caballo. (También creo que se hace lo mismo en las escuelas de Bellas Artes.) En los cursos de inglés se estudia la construcción de la trama de una historia con el mismo cuidado que un sastre tendría al enhebrar una aguja. Sin embargo, la historia debe relatarse primero y esto es algo que no necesita técnica alguna: todo el mundo puede hacerlo. Si alguna vez habéis contado un cuento a un niño y os ha escuchado, es que podéis contar una historia.

Por eso no me gustan los críticos, ya sean profesores de inglés, amigos, familiares u hombres de letras de revistas literarias. Les resulta muy fácil arruinarnos, primero a base de desánimo y después cuadriculando nuestra imaginación con normas para evitar que trabajemos con libertad.[73]

Nadie sabe mejor que yo lo sensibles que son los escritores; resulta ineludible y nadie tiene por qué avergonzarse de ello. Ya que en aquello que escribimos hay algo de nuestra propia vida, de nuestro propio espíritu; creo que cuando la gente critica lo que hacemos, simbólicamente nos está destruyendo.

De aquí que, cuando recibimos críticas poco constructivas, surja en nuestro espíritu este sentimiento de dolor y angustia. En mi diario encontré esto sobre mi clase: "Es característico ver que si me intereso por alguien, enseguida se dan cuenta; si permito que el agobio invada a un alumno sólo un minuto, se desanima la clase entera. Son como flores frescas. Por lo tanto, debo leer *todos* sus manuscritos." Si sólo leo alguno, los demás pensarán: "Él es bueno, yo no". Y se desesperarán.

---

73 Recordad que George Bernard Shaw decía que el desánimo era *la* enfermedad.

Si quieres escribir

Me encantaría mostraros por qué dudo de los críticos y por qué hacen daño y atrancan todo el poder creativo que hay en nosotros. En mi caso, fue William Blake quien me lo reveló: "Lo que a menudo llamamos razón", dijo Blake, "no es entendimiento sino aquellos conocimientos que aprendemos a partir de la experiencia de nuestros cinco sentidos, de nuestros cuerpos."

La razón nos dicta: "No puedes hacer esto porque no anduvo la última vez. Además, muchos experimentos así lo han establecido científicamente", Éste es el mismo argumento que utilizan los racionalistas, los científicos materialistas y los críticos, quienes se basan en experiencias físicas y; por lo tanto, cierran el paso a sus visiones; su imaginación, que es divina, procede de Dios y no se puede medir ni pesar. Si la dejaran actuar espontáneamente, esta imaginación les podría hablar de algo nuevo y milagroso. Pero su duro caparazón de intelectuales escépticos es inaccesible.

Blake dijo: "Todo lo valioso en conocimiento es superior a la ciencia que demuestra cosas, las pesa y las mide. ¿Y cómo sabremos más? Sólo a través de la imaginación que procede de Dios y que llega hasta nosotros a través de los profetas y la gente importante."[74] Blake odiaba a Francis Bacon y a los racionalistas del siglo XVIII: "He leído a Locke, Bacon, Burke... he dado mi opinión sobre cada uno de sus libros; mi desagrado por sus trabajos es el mismo ahora que en aquel instante... Se burlan de la inspiración y de las visiones. Espero que la inspiración y la visión sean siempre mis elementos, mis eternos lugares de meditación. ¿Cómo puedo seguir escuchando esos desprecios?"

Blake tuvo visiones: el arcángel Gabriel y otros grandes seres espirituales le decían lo que debía escribir y pintar y cómo podía inventar un nuevo sistema de impresión. "El divino Blake", dijo su buen amigo Calvert, "que había visto a Dios y había hablado con los ángeles."

---

74 También existieron otros grandes científicos con mucha imaginación

Desde luego que Blake pensaba que la inspiración y la imaginación (que todos tenemos, como ya he dicho) provienen de Dios que nos las envía a través de sus mensajeros. Los psicólogos nos dicen que ambas se encuentran en nuestro subconsciente. Pero tan válida es una explicación como la otra, y yo prefiero la de Blake porque es más fácil de entender. Pero volvamos a los críticos, que atrancan y empequeñecen la imaginación, tanto en ellos como en los demás. Todas las civilizaciones han producido maravillosas obras de arquitectura, pintura y escultura. Pero llega un punto en que los hombres intentan teorizar; ello es síntoma de que la inspiración se les ha acabado. La inspiración sólo se acaba porque los que teorizan, los *caballos del orden,* comienzan a analizar y codificar en normas lo que los grandes artistas de hace años hicieron libremente a partir de su verdadero yo.

Tampoco me gustan los críticos porque se muestran como expertos de algo *sin serlo.* Ellos son los segundones que no poseen la valentía de hacer nada por sí mismos. Se parecen a los cazadores, que perpetran sus disparos a gran distancia y sin peligro, cosa de la que se sienten muy satisfechos (aunque ellos están a salvo y el tiro no requiere ningún esfuerzo muscular, ni mucha destreza). Sin embargo, también siento pena por los críticos, porque al incitar al crítico que hay en sí mismos (el que odia) matan al artista (el que ama). A pesar de los conocimientos que tienen, se permiten destacar lo que no es bueno, en discriminar, razonar y comparar. Están atados de pies y manos. Sé que la energía del impulso creativo proviene del amor y sus manifestaciones: admiración, compasión, respeto, agradecimiento, ternura, adoración, entusiasmo.

Comparad vosotros mismos la ternura de los grandes artistas con la actitud de los críticos hacia los hombres. Van Gogh escribió a su hermano: "Eres cordial con los artistas, y

Si quieres escribir

te digo que cuanto más lo pienso, más me convenzo de que lo verdaderamente artístico es amar a la gente." Cuando el hermano le dijo a un artista que era "mediocre", Van Gogh no pudo aguantarlo: "Eso depende de qué entiendas tú por mediocre. En mi opinión, uno debe comenzar, al menos, por respetar al mediocre y por saber que la mediocridad significa que sólo es posible lograr algo a través de grandes dificultades."

Cuando Sir Joshua Reynolds escribió: "La admiración entusiasta raras veces produce conocimiento", Blake garabateó frenéticamente al margen del libro: "La admiración entusiasta es el primer principio del conocimiento." Y recordad que la palabra "entusiasmo" quiere decir "inspiración divina."

Hace años leí en la revista *Harper's* el artículo de un hombre muy culto que contaba cuánto le había costado educar a sus hijos en el recelo; cómo les había enseñado a no creer en nada, ni en la vida ni en la religión, y a dudar sobre sus sentimientos y sobre todo en general. En otras palabras, mató en ellos todo amor espontáneo, efusión, entusiasmo y poder creativo. Creo que también podía haberlos sacado al jardín y matarlos con su hacha. Un día, fuimos a pintar al campo.[75] Hubo quien se centró en parcelas de paisaje que pudieran resultar "composiciones interesantes." Les dije que el mío sería el mejor porque yo buscaba algo para pintar que *me gustara,* algo que me hiciera sentir impulso y entusiasmo: dos carros con ruedas rojas y amarillas, que brillaban con el sol. Y creo, realmente, que mi pintura fue la mejor, pero no porque yo tuviera más condiciones o más talento que los demás, sino porque me gustaba lo que había visto, me había llenado de una intensa energía y lo había convertido en *mi* verdad. Esto mismo me ha pasado muchas veces cuando me he puesto a escribir: "¿Y si no resulta *lógico?* La gente dirá

---

75 La mayoría de vosotros nunca había pintado antes. Y algunos lo habíais hecho sólo unas pocas veces.

que estoy loca."

Pero no dejo que ese frío sentimiento permanezca mucho tiempo en mi corazón, porque yo sé que lo que digo es verdad, porque es mi verdad y por lo tanto la manifiesto libremente y tú debes creerla. Hace algunos años no me hubiera atrevido a decir nada en este libro sin que fuera aprobado por citas procedentes de grandes obras: "William James dice...", etc. Ahora creo en lo que digo, y esto es lo que quiero que hagáis cuando escribáis. No perdáis el tiempo ordenando los pensamientos y diciendo: "Debo escribir esto". No tenéis que escribir introduciendo[76] citas de científicos y comparándolas entre sí. Simplemente, explicad algo. Si este algo es verdad para vosotros, entonces automáticamente pasa a ser verdad, sin más. Lo que brota desde mi yo más profundo es verdad, aunque alguien crea que no. Es *mi* verdad. Por lo tanto, cuando escribáis, hablad con el yo auténtico y relatad vuestra verdad. Sentid cómo es la auténtica creación literaria.

Más tarde, si no os creéis lo que escribisteis en su momento, si pensáis que lo que plasmasteis sobre el papel no era cierto, aceptad vuestra nueva verdad. La coherencia puede ser uno de los grandes frenos del mundo.

---

76 A menos que queráis, desde luego; a menos que ése sea el propósito de vuestro trabajo

Capítulo XVIII

Aquel cuyo rostro no se ilumina nunca llegará a ser una estrella
William Blake

¿Por qué os animo a que todos escribáis cuando el mundo ya está repleto de escritores y de libros impresos? Según mi criterio, la gran mayoría de estos libros no son buenos y no vale la pena recordarlos. No obstante, cada dos o tres años se publica un libro que atrae a gran parte del público, y que se califica de obra de arte. Este tipo de trabajos puede resultar interesante (aunque no necesariamente). Sin embargo, también hay una gran cantidad de literatura *viva* que conmueve a las personas; es decir, que no les sirve sólo para matar el tiempo.

¿Y qué importancia poseen uno o dos pequeños libros cuando el mundo está lleno de grandes obras por descubrir? Las buenas historias que aparecen impresas son tan escasas y se les da tan poca publicidad en este país (habitado por millones de personas) que el hecho de que un libro se reimprima una o dos veces no es bastante si se piensa en lo que podría haber sido de haber llegado al gran público.

Pero si (como yo quiero) todo el mundo escribe, respeta y ama la escritura, lograremos tener un país de lectores inteligentes, apasionados y ansiosos por leer más, y no sólo simples críticos pasivos, *observadores* de la escritura, cuya forma es: "De acuerdo, entretenme un rato." Entonces, en nuestros relatos hablaríamos con interés apasionado de cosas que nos atañen, como hombres y mujeres libres que estuvieran en el paraíso, ese lugar al que Dostoievski describió en una de sus historias de la siguiente forma: "No sólo cuando cantan, sino durante todo el transcurrir de sus existencias parece que no hagan más que amarse los unos a los otros." El resultado: una excelente literatura nacional. Hasta aquí os he explicado todo lo que creo que tenía que deciros.

Resumiendo, si queréis escribir...

1. Sabed que poseéis talento, sois originales y tenéis algo importante que decir.

2. Pensad que trabajar es bueno, pero trabajar con amor sabiendo que os gusta lo que hacéis. Resulta sencillo e interesante. Y es todo un privilegio. No tiene por qué parecer duro a no ser que pesen demasiado vuestra ansiedad y el temor al fracaso.

3. Escribid con libertad y valentía los primeros borradores.

4. Abordad cualquier tema que deseéis, ya sea en forma de novelas, obras de teatro u otros géneros literarios. Recordad la frase de Blake: "Es más factible ahogar a un niño en su cuna que atender los deseos insatisfechos."

5. No temáis escribir malos relatos. Para descubrir lo que está mal en una historia, primero escribid dos más y después volved sobre la primera.

6. No os inquietéis ni sintáis vergüenza de lo escrito en el pasado. ¡Cuánto he sufrido yo por ello! ¡Cómo me gustaría alejar de mi memoria algunos fragmentos de cosas que he escrito! Pero no lo hagáis. Seguid insistiendo y luchad contra esta propensión que en su mayor parte se debe a una falta de autoconfianza. Estamos muy dispuestos (especialmente las mujeres) a invalidar lo que hemos dicho o hecho. A menudo, afirmar: "Sé que es horrible", antes de que alguien lo haga es un modo de adelantarnos a la crítica, de que ésta sea menos severa con nosotros. En realidad, se trata de temor. En primer lugar, no debe importarnos lo que diga la crítica; en segundo lugar, es presuntuoso avergonzarse de los errores propios.

Desde luego que son errores; pero seguid adelante.

7. Tratad de descubrir vuestro verdadero, sincero y no teórico yo.

8. No os imaginéis como un cuerpo con un manojo de nervios y un puñado de músculos que controlar. Por el contrario, pensad en vosotros mismos como un poder ardiente, quizás iluminado para siempre, a quien Dios guía.

Si quieres escribir

Recordad lo maravillosos que sois. ¡Todo un milagro!

9. Es una buena señal que nunca estéis satisfechos con vuestros escritos. Ello quiere decir que vuestra visión puede llegar mucho más lejos, aunque resulte arduo lograrlo. De nuevo os digo que los únicos desafortunados son aquellos que se piensan dotados del don de la oratoria, pues se quedan inmediatamente satisfechos con su trabajo. Para ellos, el océano sólo tiene la profundidad precisa para cubrir las rodillas.

10. Cuando os sintáis desanimados, recordad lo que dijo Van Gogh: "Si escuchas una voz en tu interior que te dice: "Tú no eres pintor", entonces pinta a toda costa; esa voz se silenciará sólo a través del trabajo." Al escribir no tengáis miedo de ser vosotros mismos.

11. Dad rienda suelta a vuestro mundo interior. Si teméis resultar demasiado sentimentales, decíos: "No debo avergonzarme por sentir de esta forma." Después, probablemente, vuestro sentimentalismo desaparecerá porque os habrá dejado de preocupar.

12. No estéis siempre valorándoos, pensando si sois mejores o peores que otros escritores. Blake dijo: "No razonaré ni compararé, mi trabajo es crear." Además, ya que somos seres únicos, creados desde el principio de los tiempos, resulta imposible que nos podamos comparar.

¿Y por qué debéis hacer todo esto? ¿Por qué todos tendríamos que usar nuestro poder creativo y escribir, o pintar o tocar música? Porque no existe nada mejor para lograr que la gente sea generosa, divertida, enérgica, valiente y compasiva; porque la mejor forma de conocer la Verdad o la Belleza es intentando expresarla. Y ¿cuál es el objetivo de la existencia? Pues es descubrir la Verdad y la Belleza y compartirla con los demás. Por todo ello, si este libro os ha dado el impulso preciso para escribir un pequeño relato, habrá cumplido su objetivo y yo me sentiré satisfecha.

CPSIA information can be obtained
at www.ICGtesting.com
Printed in the USA
BVOW08s1149150217
476294BV00001B/7/P